KB058598

너 이런
심리법칙
알아?

네이버에서 가장 많이 검색한
심리학 키워드 100

너 이런
심리법칙
알아?

이동귀 지음

21세기북스

들어가며

　사람들은 흔히 계속 주가가 내렸으니까 다음엔 오를 것으로 기대하고, 이번에는 당첨되지 않았지만 다음에는 당첨될 거라고 믿으며 복권을 계속 사고, 내리 딸을 낳았으니 이번엔 아들을 낳을 거라고 생각하는 경향이 있습니다. 하지만 특정한 일(주가, 복권 당첨 여부, 특정한 성별의 자녀 출생)이 우연히 계속된다 하여도 매번 그 일의 발생 확률은 여전히 50:50입니다. 즉 '계속 잃었으니 이번에는 대박이 날 거야'라는 식의 생각을 심리학에서는 '도박사의 오류gambler's fallacy'라고 부릅니다.

　이처럼 사람들의 생각, 감정, 행동을 설명하는 심리학 용어와 법칙들은 우리 주변에서 쉽게 발견할 수 있습니다. 그만큼 사람들은 자신과 다른 사람들에 대해서 알고 싶어 합니다.
　심리학 용어들은 심리학뿐 아니라 경제, 경영, 교육, 광고, 정치, 사회의 많은 분야에서 사용되고 있습니다. 더욱이 인터넷과 모바일 환경의

급속한 발전은 좀 더 빠르고 이해하기 쉬운 정보에 대한 수요를 폭발적으로 증가시켰습니다. 이 책은 이러한 요구에 대한 응답입니다. 북이십일 출판사와 온라인 플랫폼인 NAVER는 의기투합하여 '상식으로 보는 세상의 법칙: 심리학편'을 NAVER 지식백과에 탑재하겠다는 계획을 세웠습니다. 그 과정에서 심리학 전공자가 아니어도 쉽게 이러한 법칙을 이해할 수 있는 글을 써 달라는 요청을 받았습니다. 사람의 심리에 관심을 가진 아동과 청소년들뿐만 아니라 성인들에게도 유익한 기획이라는 믿음에서 흔쾌히 이 프로젝트에 합류했습니다.

그 결과, NAVER 지식백과에서 쉽게 심리학 법칙들에 대한 설명을 찾아볼 수 있게 되었습니다. 이는 인터넷과 모바일 환경에서 지식의 공유와 확장이라는 측면에서 의미 있는 진전이라 할 수 있습니다.

특히 재미있는 삽화와 관련 인물사진, 쉬운 글이 어우러져 보다 쉽게 심리학 법칙들을 이해할 수 있었다는 반응들이 많았습니다.

온라인상에서 연재되었던 '상식으로 보는 세상의 법칙: 심리학편'을 수정하고 보완하여 한권의 책으로 출간하게 된 것을 기쁘게 생각합니다. 이 책에서는 그간 NAVER에 올라온 독자들의 반응을 반영하였습니다. 특히 일부 오류나 애매한 내용을 바로잡고 글과 삽화 중심으로 보다 간결하게 용어를 정리하여 제시하였습니다.

책의 출간에 맞추어 몇 가지 말씀드리고자 합니다. 우선 이 책은 엄정하고 정밀한 심리학 용어 사전이라기보다는 여러 연령대의 독자들이 심리학 법칙을 보다 알기 쉽게 이해하고 기억할 수 있도록 돕는데 중점을 두었습니다. 따라서 심리학 실험 절차와 결과들을 요점 중심으로 단순하게 수정하였습니다. 또한 학술적인 내용보다는 실생활에서 쉽게 이해할 수 있는 내용을 중심으로 기술하였습니다. 보다 심도 있는 내용을 원하는 독자들은 본격 심리학 교과서나 학술 논문을 참고해 주시기

바랍니다.

이 책에 나오는 용어들은 NAVER에서 사용자들이 자주 검색하는 용어를 기초로 선정되었습니다. 그래서 심리학에만 국한되지 않고 경제, 경영, 사회학 등에서도 사용되는 용어들이 일부 있습니다. 이 책이 심리학의 여러 분야를 포괄한다고 하기는 어렵습니다. 주로 사회심리학 분야가 많이 포함되었고 일부 임상심리학과 실험심리학 용어들 중심으로 구성되어 있습니다.

용어의 기원, 관련된 방대한 역사적 사건 등의 자료 조사는 여러 사람들의 도움을 얻은 것이라 제가 원자료들을 모두 찾아본 것은 아니라는 점을 고백해야 할 것 같습니다. 물론 최종적으로 자료의 정확성에 대한 책임은 전적으로 저의 것입니다. 오류가 있다면 개정판에서 지속적으로 바로잡겠습니다. 용어는 독자들이 쉽게 찾아볼 수 있도록 가나다순으로 제시하였습니다.

이 책은 저 혼자만의 작업이 아니라 많은 분들의 도움으로 만들어졌습니다. 먼저 책의 출간을 제안해 주시고 관대히 배려해 주신 북이십일 출판사 신정숙 본부장님께 감사드립니다. 아울러 전체적인 편집 과정을 주관해 주신 김지혜 팀장님 수고 많으셨습니다. 함께 고민하면서 교신했던 좋은 기억 간직하겠습니다. 멋진 삽화를 그려 주신 정지혜 작가님 감사합니다. 덕분에 독자들에게 한층 쉽게 내용을 전달할 수 있게 되었습니다. 촉박한 일정임에도 방대한 자료 조사와 일목요연한 요약을 해 주신 이슬기, 임슬기, 채은유 세 분 선생님께 깊이 감사드립니다. 이분들의 도움이 없었더라면 이 책은 출간되지 못했을 것입니다. 전문적인 교정 교열 및 편집을 담당해 주신 김학민 선생님께도 감사드립니다. 일일이 거명하지는 않겠습니다만 책을 쓰는 과정에서 응원하고 지지해 주신 많은 지인들께 고마운 마음을 전합니다. 고민되는 순간마다 힘이 되어 준 사랑하는 아내 임현우 교수님께 감사합니다. 무엇보다 부족한 저를 기도와 헌신으로 아껴 주신 부모님과 장인 장모님께 이 책을 드립니다.

　이 책에서 미진한 부분은 전적으로 제 역량 부족으로 인한 것입니다. 밤늦게까지 컴퓨터 모니터를 끌어안고 이어진 고민의 시간들을 딛고 이 책이 실제로 출간되어 안도를 느낍니다.

　모쪼록 이 책이 독자들에게 보다 쉽게 심리학을 이해할 수 있는 길라잡이가 될 수 있기를 기대합니다.

2016년 가을
이동귀

차례

들어가며 004

ㄱ 가르시아 효과 010   가면 증후군 013   갈라파고스 증후군 016   거울 자아 이론 019   고슴도치 딜레마 023   공유지의 비극 027   귀인 이론 030   그레셤의 법칙 034   깨진 유리창 이론 037

ㄴ 넛지 041   노시보 효과 044   노출증 046

ㄷ 도박사의 오류 049   디드로 효과 052

ㄹ 램프 증후군 055   리마 증후군 059   리셋 증후군 063   리플리 증후군 066

ㅁ 맥거핀 효과 070   므두셀라 증후군 073   뮌하우젠 증후군 076

ㅂ 바넘 효과 079   방관자 효과 082   밴드왜건 효과 086   번아웃 증후군 089   베르니케 실어증 092   베르테르 효과 096   베블렌 효과 099   벽에 붙은 파리 효과 103   보보인형 실험 106   보이지 않는 고릴라 110   부메랑 효과 113   브로카 실어증 116   블랭킷 증후군 119   빈 둥지 증후군 122

ㅅ 사랑의 삼각형 이론 125   살리에리 증후군 129   상관관계 132   상호성의 법칙 136   샐리의 법칙 139   서번트 증후군 142   서브리미널 효과 144   설단현상 147   섭식장애 149   성격장애 152   수면자 효과 157   스놉 효과 161   스마일 마스크 증후군 165   스탕달 증후군 168   스톡데일 패러독스 172   스톡홀름 증후군 175   스트룹 효과 178   스티그마 효과 181

ㅇ 아도니스 증후군 184　아포페니아 187　악의 평범성 190　암묵지 193　앨리스 증후군 196　앵커링 효과 199　에펠탑 효과 203　오셀로 증후군 206　오이디푸스 콤플렉스 209　웨스터마크 효과 213　인지 부조화 이론 216　임사체험 221

ㅈ 자각몽 224　자이가르닉 효과 227　점화 효과 230　죄수의 딜레마 234　줄리의 법칙 237　지적 장애 240

ㅊ 착한 아이 증후군 243　초두 효과 246　최신 효과 250　최후통첩 게임 253　침묵의 나선 이론 256

ㅋ 칵테일파티 효과 261　코르사코프 증후군 264　쿠바드 증후군 267　쿨리지 효과 270　크레스피 효과 274　클라인펠터 증후군 277

ㅌ 테스토스테론 280　트롤리 딜레마 283　티핑포인트 287

ㅍ 파노플리 효과 290　파랑새 증후군 293　파킨슨의 법칙 297　파파게노 효과 300　펫로스 증후군 303　편집증 307　플라시보 효과 310　플린 효과 313　피그말리온 효과 316　피터팬 증후군 319

ㅎ 하인츠 딜레마 323　학습된 무력감 328　호손 효과 331　후광 효과 334　히스테리 337

참고 문헌 340

가르시아 효과

Garcia effect

특정 음식을 먹고 구토나 복통 같은 불쾌한 경험을 한 후 그 음식을 기피하게 되는 현상이다.

미국의 심리학자 존 가르시아John Garcia와 동료들이 1955년 쥐를 대상으로 행한 실험에서 유래한다. 쥐에게 사카린이 든 물을 먹이고, 일정 시간 후 감마선을 쏘아 쥐는 먹은 물을 토하게 한다.

그 후 쥐에게 사카린이 들어 있는 물을 다시 주면 쥐는 그 물을 마시지 않는다. 다른 요인 때문에 구토를 했을 수도 있지만, 쥐는 사카린 물을 먹어서 토했다고 생각한다. 그래서 더 이상 사카린이 들어 있는 물을 마시지 않게 된다.

인간이나 동물은 학습을 통해 생존에 필요한 대처 능력을 갖게 되는데, 가르시아 효과는 생존에 필요한 학습 현상 중 한 예다. 즉 경험을 통해 자신에게 해로운 음식이 무엇인지 학습하는 것이다. 음식을 섭취한 지 상당한 시간이 지나도 복통, 구토, 메스꺼움 같은 증상이 생기면 다른 요인들보다 먼저 음식 자체에 대한 혐오감이 발생한다. 단 한 번의 경험으로도 음식을 혐오하게 되며 그 기억은 장기간 유지될 수 있고 때로는 평생을 가기도 한다. 가르시아 효과의 강도는 처음 접해 본 음식일수록 크다.

가르시아 효과는 반복 학습을 통해 특정 반응이 유발되는 과정을 뜻하는 고전적 조건 형성classical conditioning 중 '혐오 학습'의 한 종류다. 러시아의 생리학자 이반 파블로프Ivan Pavlov의 '침 흘리는 개 실험'으로 잘 알려져 있다. 파블로프는 '종소리'라는 '조건'을 먹이와 함께 제공하여 추후 종소리만으로도 개가 침을 흘리도록 유도했다.

파블로프의 실험에 쓰였던 개 ⓒ Rklawton

가면 증후군

Imposter syndrome

자신의 성공을 노력이 아닌 운 때문이라고 평가절하하는 심리 현상으로 주변 사람들을 속여 왔다는 생각에 불안해한다.

가면 증후군에 걸린 사람은 성공의 요인을 자신이 아닌 외부로 돌리고 스스로를 무자격자 혹은 사기꾼이라 생각하기도 한다. '사기꾼 증후군'이라고도 불리는데, '임포스터imposter'는 사기꾼 또는 협잡꾼을 뜻하는 영어 단어다.

1978년 미국 조지아 주립 대학의 폴린 클랜스Pauline Clance와 수잔 임스Suzanne Imes는 가면 증후군이 성공한 여성들에게 많이 나타난다는 사실을 밝혀냈다. 조사 대상 여성들은 스스로를 똑똑하지 않다고 여기며 사람들이 자신을 과대평가한다고 생각했다.

클랜스와 임스에 의하면, 가면 증후군을 보이는 여성들은 자신이 운이 좋아서 성공했다는 것을 들키지 않으려고 지나치게 성실하고 근면한 모습을 보였고, 상사에게 칭찬받거나 인정받기 위해 자신의 직관이나 매력을 활용하기도 했다.

가면 증후군에 속하는 사람은 지나친 부지런함으로 탈진, 수면 장애, 신경과민 등을 경험할 수 있다.

6개 국어를 구사할 만큼 똑똑했던 미국의 배우 내털리 포트먼Natalie Portman은 하버드 대학 졸업식 축사에서, 자신의 입학이 무언가 착오였

을거라고 생각했고, 머리가 나쁜 여배우라는 사실을 들키지 않기 위해 일부러 어려운 수업만 들었다고 고백했다.

가면 증후군은 타인의 높은 기대 속에서 실패에 대한 두려움을 겪는 사람들이 최악의 상황이 발생했을 때 겪을 충격을 사전에 완화하려는 '방어기제defence mechanism'의 일환이다.

영국의 심리학자 해럴드 힐먼Harold Hillman은 가면 증후군을 앓는 사람들은 타인의 시선을 과도하게 신경 쓴다고 말했다. 힐먼은 그의 저서 『가면 증후군The imposter syndrome』에서 '자신을 있는 그대로 수용하는 진정성'을 중요한 치료 요인으로 꼽았다. 있는 그대로의 자신을 사랑하며 존중하는 태도를 키우는 것이 바람직하다는 것이다.

갈라파고스 증후군

Galápagos syndrome

세계적인 기술력으로 만든 상품이지만 자국 시장만을 생각한 표준과 규격을 사용하여 국제적으로 고립되는 현상이다.

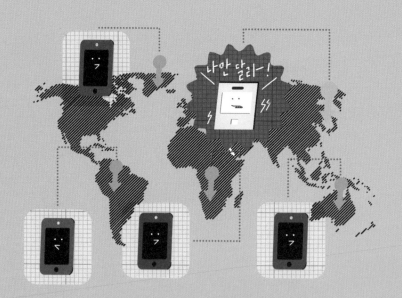

관련용어 인지 부조화 이론

일본은 소니SONY, 파나소닉panasonic 등의 기업을 주축으로 IT 분야에서 독보적인 발전을 이루어 왔다. 그러나 1990년대 이후부터 다른 외국 기업에 정상의 자리를 내주었다. 분석 결과, 세계적인 표준을 무시하고 내수 시장만을 위한 제품을 생산한 것이 그 원인이었다.

일본에 맞는 표준과 규격만 만들었지……. / 꼭 / 국내시장

게이오 대학 교수이자 휴대전화 인터넷망I-mode의 개발자인 나스노 다케시夏野 剛 교수의 2007년 〈일본 무선 전화 시장 보고서〉에서 이러한 현상을 '갈라파고스 증후군'이라고 명명했다.

갈라파고스 제도는 남아메리카 대륙에서 약 1,000킬로미터나 떨어진 한 무리의 섬이다. 찰스 다윈Charles Darwin은 대륙과 격리된 이 섬에서 '고유종固有種'을 발견했는데, 이는 다른 대륙의 생물과는 무관하게 스스로 진화한 특이한 종을 말한다. 다케시는 이 '고유종'이 내수 시장에만 집중한 일본 제품의 경우와 유사하다고 보았다.

세계 시장 개척을 위한 제품 생산에 주력하기보다는 일본 내수 시장에 초점을 둔 표준을 만들어 놓고 정작 국제 경쟁력이 약화되자 일본 국내 IT 사용자 수만으로도 충분하다고 합리화했다는 점에서 인지 부조화Cognitive dissonance 현상과도 관련이 있다. 인지 부조화란 두 가지의

생각, 혹은 생각과 행동 사이에 불일치discrepancy가 생길 때 합리화 과
정을 통해서 이 불편한 느낌을 줄이려고 하는 현상을 말한다.

거울 자아 이론

Looking glass self

거울 속 자신을 보는 것처럼 다른 사람들이 바라보는 자신의 모습, 혹은 다른 사람들이 기대한다고 생각되는 모습을 자기 모습의 일부분으로 흡수하여 자아상을 형성해 가는 이론이다.

거울 자아 이론은 다른 사람이 자신의 행동을 긍정적으로 인정해 주면 이를 긍정적으로 받아들이지만, 부정적으로 평가한다고 느껴지면 자아상도 부정적이 된다는 이론이다. 한마디로 타인의 의견에 반응하면서 '사회적 자아'가 형성된다는 개념이다.

자아는 개인적이었다가 나중에 사회적으로 변하는 것이 아니라 처음부터 타인과의 유기적인 관계를 맺으며 성장한다. 이때 타인의 평가는 거울과 같다. 다른 사람이 나를 어떻게 바라볼지 상상해 보고, 이를 통해 자신의 외모, 태도, 행위, 성격 등을 파악하게 된다.

찰스 쿨리

미국의 사회학자 찰스 쿨리Charles H. Cooley가 제시한 개념으로 거울 자아는 세 가지 요소로 구성된다. 첫 번째는 다른 사람의 눈에 비친 자신의 모습을 상상하는 것이다. 두 번째는 자신의 모습에 대해 다른 사람이 어떤 판단을 내릴지를 상상하는 것이다. 세 번째는 타인의 평가에 수치심이나 굴욕감을 느끼는 자기감정인데, 이러한 느낌을 해석하는 과정을 통해 자신의 모습을 인식하게 된다.

미국의 사회심리학자 조지 미드George H. Mead는 개인의 자아 형성에서 '역할'에 대한 모방 학습의 중요성을 강조했다. 그는 아동의 자아 발달 과정을 크게 3단계로 설명했다.

1단계는 '역할 준비' 단계로 자신이 하는 행동의 의미를 제대로 이해하지 못하고 단지 어른들의 행동을 모방한다. 예를 들어, 담배를 피운다는 것이 어떤 의미인지 모른 채 연필을 입에 물고 연기를 뿜는 입모양을 흉내 낸다.

2단계는 '역할 놀이' 단계로 놀이를 통해 주변 사람들의 행동을 모방한다. 아이들은 타인의 역할을 해 봄으로써 행동을 모방하고 학습하게된다. 소꿉놀이를 하면서 엄마와 아기의 역할을 동시에 해 보기도 하고, 의사나 환자의 역할을 흉내 내면서 점차 사회적 존재로 발달한다.

3단계는 '역할 게임' 단계로 단순한 역할 놀이 수준을 넘어서 복잡한 역할 게임으로 발전한다. 자기 팀의 역할을 이해하고 잘 수행할 뿐만 아니라 상대 팀의 능력까지 염두에 두고 어떻게 행동할까 고심하게 된다.

이러한 과정을 통해 아이들은 자신을 점차 독자적인 행위자로 인정하게 되는데, 이를 '사회적 자아'라고 한다. 주변 사람들이 자신을 바라

보듯이 스스로를 관찰할 수 있게 되면서 자아 정체성을 형성해 나가는 것이다.

최근 거울 자아 이론의 사례가 SNS Social Network Services에서 빈번하게 나타난다. 사람들은 SNS에 올린 글에 대한 방문자들의 댓글이나 반응을 보고 점점 그들의 기대에 부합하려는 방향으로 행동한다. 반응이 다양해짐에 따라 원래 자신이 올리려고 했던 글의 방향과는 전혀 다른 글을 올리고 있는 자신의 모습에서 정체성 혼란을 경험할 수 있다. 이 경우는 타인의 기대가 나의 자아상에 부정적인 영향을 끼치는 예라고 할 수 있다.

고슴도치 딜레마

Hedgehog's dilemma, Porcupine's dilemma

대인관계에서 친밀함을 원하면서도 동시에 적당한 거리를 두고 싶어 하는 욕구
가 공존하는 모순적인 심리상태다.

현대인들은 계산적인 인간관계를 맺는 경우가 많아졌다. 남에게 상처를 주기도, 받기도 싫어서 혼자 고립되려는 새로운 고슴도치들이 갈수록 늘어나고 있다. 그래서 고슴도치 딜레마는 인간관계에서 애착을 잘 형성하지 못하는 사람이 타인에게 다가가지 못하는 두려움을 대변하는 말이기도 하다. 최근 1인 가족이 증가하면서 인간관계 맺기 자체에 대한 두려움과 타인과 적당한 심리적 거리를 유지하는 것의 어려움을 호소하는 사람들도 많아졌다.

독일의 철학자 쇼펜하우어Arthur Schopenhauer는 1851년 발표한 자신의 저서 『소논문집과 보충 논문집Parerga und Paralipomena』에 고슴도치와 관련한 우화를 소개했다. 추운 겨울날, 몇 마리의 고슴도치가 모여 있었는데 가까이 다가갈수록 바늘이 서로를 찔러서 결국 떨어질 수밖에 없었다. 그러나 추위 때문에 고슴도치들은 다시 모여들었고, 똑같은 일이 반복되었다. 이러한 과정을 반복한 고슴도치들은 서로 최소한의 거리를 두는 것이 최선의 방법임을 알게 되었다. 실제로 고슴도치들은 바늘이 없는 머리를 맞대어 체온을 유지하거나 잠을 잔다고 한다. 여러 번의 시행착오를 통해 최선의 방안을 찾아낸 것이다.

인간이라는 고슴도치들도 필요로 인해 관계를 맺지만 가시투성이 본성은 서로에게 상처를 준다. 그래서 적당한 거리를 유지하기 위한 방법으로 '예의범절'을 만들었다. 예의범절로 서로의 온기는 적당히 느끼면서 가시에 찔리지 않을 만큼 거리도 유지하게 되었다. 하지만 남을 찌를 수도, 자신을 찌를 수도 없었던 사람은 자신만의 온기로 추운 겨울을 보낼 수밖에 없다.

이후 오스트리아의 정신분석학자 프로이트Freud가 저서 『집단 심리학과 자아의 분석Group Psychology and the Analysis of the Ego』에서 고슴도치 딜레마를 인용하면서 심리학에서도 널리 알려졌다.

샤를 드골Charles André Marie Joseph De Gaulle 전 프랑스 대통령의 재직 10년 동안 비서실, 사무실, 개인 참모부의 고문과 참모들의 임기는 2년 이상을 넘지 않았다. 군인 출신인 드골은 군대의 인사이동에서 경험한 긍정적인 측면을 고려해 직원을 한자리에 오래 배속시키지 않고 적시에 다른 부서로 보냈다. 이러한 인사이동으로 인해 직원들은 매너리즘에 빠지지 않았고, 드골은 언제나 새로운 의견을 듣고 진취적으로 일할 수 있었다. 또한 대통령 측근의 비리를 미연에 방지하는 효과도 얻었다. 하지만 드골과 참모진은 서로 친밀한 정서적 유대감은 쌓을 수 없었다.

영국의 정신분석학자 도널드 위니캇Donald Winnicott은 평범한 어머니는 자식을 매우 사랑하지만 동시에 싫어하는 양면적인 감정을 가진다고 했다. 이러한 양면성을 인식하는 어머니들이 그렇지 않은 어머니들보다 자녀에게 덜 공격적인 성향을 보인다고 한다.

자녀를 너무 사랑한 나머지 모든 것을 해결해 주려는 부모는 자녀가 사춘기에 이르면 심각한 갈등을 겪을 수 있다. 점차 독립성을 추구하는 아이에게 부모의 지나친 관심은 집착과 구속으로 작용할 수 있기 때문이다. 적당히 서로를 존중하는 거리를 유지하는 것도 중요하다.

공유지의 비극

Tragedy of the commons

누구나 자유롭게 사용할 수 있는 공공 자원은 사람들의 남용으로 쉽게 고갈될 수 있다는 이론이다.

미국의 생물학자 개릿 하딘Garrett Hardin은 날로 증가하는 인구와는 달리 지구의 자원은 유한하다고 보았다. 따라서 인류가 공공재인 천연자원을 남용한다면 지구에 엄청난 재앙이 일어날 수 있다고 생각했다.

그리고 1968년 12월 13일 학술지 《사이언스Science》에 발표된 논문 〈공유지의 비극〉을 통해 이 견해를 세상에 알렸다. 하딘의 논문에 실린 공유지의 비극은 '목초지의 비극'이었다.

마을 주민들이 가축을 방목할 수 있는 공동의 목초지가 있었다. 마을 주민들은 비용을 들이지 않고 이 공유지를 이용할 수 있었기 때문에 앞다투어 더 많은 양들을 방목했다.

결국 목초지는 양들로 붐비게 됐고, 풀이 자라는 속도보다 양이 풀을 뜯는 속도가 더 빨라졌다. 그 결과 목초지는 풀이 거의 없는 황무지로 변했다.

공유지의 비극 이론은 개인의 사리사욕을 극대화하면 공동체나 사회 전체는 물론 자연까지 파괴할 수 있다는 사실을 경고한다. 이 이론의 밑바탕에는 공유 자원을 자신이 사용하지 않더라도 누군가 다른 사람이 남용하면 결국 사용하지 않은 자신만 손해를 볼 수 있다는 '타인에

대한 불신감'이 깔려 있다. 공유 자원의 남용 책임이 불특정 다수에게 분산되기 때문에 자기 하나쯤은 상관없다는 '이기심'도 자리하고 있다.

예를 들어 공공 도로는 공익을 위한 도로이지만 무료라는 생각에 무분별하게 이용하다 보면 필연적으로 교통지옥을 경험하게 된다. 또한 많은 수의 차량 운행으로 인한 대기오염 문제도 피할 수 없게 된다.

공유지는 도로, 공원과 같은 공공시설, 공기, 갯벌과 같은 자연환경과 지하자원, 산림 자원 등을 포괄한다. 이런 공유지는 어떤 개인의 소유물이 아니기 때문에 더 빠르게 고갈될 수 있다.

강제적인 규제가 없더라도 공유 자원을 이용하는 사람들이 자율적으로 협의하여 문제를 해결할 수 있으면 좋겠지만, 그것은 시간이 오래 걸린다. 따라서 정부가 적극적으로 개입해서 양의 수를 제한하거나, 공유지 사용에 대한 소유권 확립 등을 규제하는 방법을 찾아야 한다.

귀인 이론

Attribution theory

자신이나 타인의 행동이 발생한 원인을 추론하는 이론이다.

본래 귀인歸因은 '어떤 행동의 원인을 어디엔가 귀속시킨다'라는 뜻이다. 우울한 사람들은 실패를 경험할 때 흔히 상황보다는 자신의 성격에서 문제의 원인을 찾는 오류를 보인다고 한다.

호주의 심리학자 하이더Fritz Heider가 1958년 『대인관계의 심리학』에서 제시한 개념이다. 하이더는 사람들이 특정 행동이 일어난 원인을 분석하는 경향이 있다고 보았다. 그는 이것을 '귀인 이론'으로 명명하고, 내부(기질적 혹은 성격적) 귀인과 외부(상황적) 귀인으로 분류했다. 내부 귀인은 행동의 원인을 개인의 성격, 동기, 태도 등에서 찾는 것이고, 외부 귀인은 그 원인을 사회규범, 외부 환경, 우연한 기회 등에서 찾는 것이다.

예를 들어 취업 준비에 바쁜 연인이 당신에게 일방적으로 이별을 통보했다. 어떻게 반응할 것인가? 상황적 귀인은 연인이 헤어지자고 한 이유를 취업을 하지 못한 상황으로 이해하고, 기질적 귀인은 취업을 하지 못하는 상황이 아니고 성격에 원인이 있다고 판단한다.

상황적 귀인의 예시

기질적 귀인의 예시

내부 요인을 과대평가하고 외부 요인을 과소평가하는 것을 '기본적 귀인 오류fundamental attribution error'라고 한다. 사회심리학자들은 사람들에게 외부 요인을 과소평가하는 상황적 귀인보다 내부 요인을 과대평가하는 기질적 귀인의 가능성이 높다고 보았다.

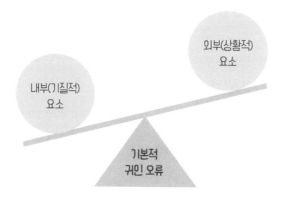

질문자, 도전자, 게임 관찰자를 대상으로 한 사회심리학자 로스Lee Ross의 '기본적 귀인 오류' 실험을 살펴보자. 먼저 질문자들이 문제를 만들어 도전자들에게 질문하도록 했다. 도전자들은 질문에 자주 틀리게 답했고, 관찰자들은 그 과정을 모두 지켜보았다.

문답이 종료된 후 질문자, 도전자, 관찰자들은 질문자와 도전자의 지식 수준을 평가했다. 질문자들은 두 집단(질문자 자신이 속한 집단과 도전자 집단)의 수준을 비슷하게 평가했고, 도전자들과 관찰자들은 질문자의 지식 수준이 도전자보다 훨씬 높다고 평가했다.

도전자와 관찰자들은 '상황적 요소'보다 '기질적 요소'에 더 큰 영향을 받았다. 원래 실험 자체가 질문자에게 유리했다는 점보다 도전자가 자주 틀릴 정도의 문제를 출제한 질문자의 명석함을 높게 평가한 것이다. 이는 '기본적 귀인 오류'에 해당한다.

그레섬의 법칙

Gresham's law

'악화惡貨가 양화良貨를 구축驅逐한다'는 말로 표현할 수 있으며, 가치가 낮은 것이 가치가 높은 것을 몰아내는 현상이다.

가치가 다른 금화와 은화가 동일한 화폐가치로 통용되면 사람들은 가치가 높은 금화(양화, 良貨)는 소장해 두고, 대신 가치가 낮은 은화(악화, 惡貨)만 사용하게 된다는 뜻이다.

16세기 영국의 금융가였던 토머스 그레셤 Thomas Gresham이 엘리자베스 1세에게 올린 편지에서 유래한다. 영국의 왕 헨리 8세는 화폐의 물리적 가치를 낮춤으로써 경제적 이익을 얻었다. 은 함량을 줄인 은화를 발행하고 남은 은에서 얻은 이익을 재정에 보충하는 방식이었다.

토머스 그레셤

사람들은 순은(양화)은 집에 쌓아 둔 채 은 함량이 낮은 화폐(악화)만을 통용했고, 헨리 8세가 죽은 후 그레셤은 엘리자베스 1세에게 '악화가 양화를 구축한다Bad money drives out good'라는 글귀로 이 현상을 설명했다. 그러나 엘리자베스 여왕도 시장에서 악화를 몰아내지 못했다.

조선 후기에도 비슷한 상황이 있었다. 화폐 유통이 잘 되지 않는 현상인 '전황'이 발생하

엘리자베스 1세

자 흥선대원군은 당백전을 유통시켰다. 그런데 당백전의 명목상의 가치는 기존 화폐인 상평통보의 100배였으나 실질 가치는 5~6배에 불과했다. 이렇다 보니 백성들 사이에서 상평통보는 양화, 당백전은 악화로 자리매김했고, 백성들은 상평통보를 숨겨 놓고 당백전만 통용시켜 악화가 양화를 몰아내는 현상이 발생했다. 결국 화폐가치는 하락했고 극심한 인플레이션이 발생하여 조선 왕조에 큰 타격을 입혔다.

　물건을 사고 돈을 지불할 때 새 돈은 사용하지 않고 헌 돈만 사용해서 시중에 헌 돈만 가득 유통되는 현상이 대표적인 그레셤의 법칙이다. 이 법칙은 '선택 오류'의 일종으로 당장 눈앞에 보이는 이득에 지나치게 주의를 기울인 나머지 결과적으로 손해를 자초하게 되는 심리적 현상이다. 인터넷에서 질이 좋지 않은 상품을 과대 포장하여 양질의 상품이 설 자리가 좁아지는 현상, 불법 다운로드 영화 파일의 범람으로 합법적으로 영화를 보는 관람객이 줄어드는 현상, 사고 확률이 높은 사람들이 보험에 가입함으로써 보험료가 상승하는 현상처럼 다양한 사회현상을 포함한다.

깨진 유리창 이론

Broken window theory

유리창이 깨진 자동차를 거리에 방치하면 사회의 법과 질서가 지켜지지 않고 있다는 신호로 인식되어 더 큰 범죄로 이어질 가능성이 높다는 이론이다.

일상생활에서 경범죄가 발생했을 때 제때 처벌하지 않으면 결국 강력 범죄로 발전할 수 있음을 경고하는 이론이다. 타인에게 관심을 두지 않는 익명성이 만연한 사회에서는 반사회적이고 이기적인 행위가 창궐할 수 있다는 것이다.

1969년 스탠퍼드 대학 심리학 교수였던 필립 짐바르도Philip Zimbardo는 유리창이 깨지고 번호판도 없는 자동차를 뉴욕의 브롱크스 거리에 방치하고 사람들의 행동을 관찰했다. 사람들은 배터리나 타이어 같은 부품을 훔쳐 가고 더 이상 훔쳐 갈 것이 없자 자동차를 마구 파괴해 버렸다. 자동차의 깨진 유리창 하나를 방치하자 점차 범죄가 확산된 것이다.

1982년 미국의 범죄학자 조지 켈링George Kelling과 정치학자 제임스 윌슨James Wilson은 이 실험에 착안하여, 미국의 월간지《애틀랜틱 먼슬리Atlantic Monthly》에 기고한 글에서 '깨진 유리창 이론'이라는 용어를 최초로 사용하였다.

1994년 뉴욕 시장으로 선출된 루돌프 줄리아니Rudolf Giuliani는 '깨진 유리창 이론'에서 얻은 교훈을 바탕으로 당시 범죄의 온상이었던 지하철 내의 낙서를 모두 지우도록 했다. 처음에 시민들은 강력 범죄 소탕에 힘쓰기보다 낙서나 지우고 있는 뉴욕 시를 강력하게 비난했다. 실제로 지워도, 지워도 낙서는 다시 생겨났고 모든 낙서를 지우는 데 수년이 걸렸다. 그런데 이 과정에서 놀랍게도 범죄율이 줄어들기 시작했다. 켈링에 의하면 낙서를 지운 지 90일 만에 범죄율이 줄어들기 시작해서 1년 후에는 30~40퍼센트 감소하였고 2년 후에는 50퍼센트 감소했으며 3년 후에는 무려 80퍼센트가 감소하였다. 뉴욕 시는 길거리 낙서를 지우는 것뿐 아니라 신호 위반, 쓰레기 투기와 같은 경범죄도 적극적으로 단속했는데, 그 결과 강력 범죄까지 줄어드는 성과를 얻었다. 뉴욕

시의 전략인 '무관용 원칙zero tolerance'은 깨진 유리창 이론을 바탕으로 경범죄도 강력히 단속하고 엄격하게 처벌하는 것을 의미한다.

깨진 유리창 이론은 범죄학뿐만 아니라 기업 경영 및 조직 관리에도 적용된다. 서비스에 불만을 가진 소비자가 고객 센터를 통해 민원을 제기했을 경우, 직원 한 명의 미숙한 응대가 기업의 전체적인 이미지를 훼손할 수 있다. 고객의 불만이 인터넷을 통해 전달되고 확산되어서 그 내용을 접한 모든 잠재 고객이 불매 운동을 벌일 수도 있기 때문이다.

맥도날드가 대표적인 사례다. 맥도날드는 어린이 세트에 함께 제공하는 장난감의 재고 부족으로 세트 상품을 정상적으로 공급하지 못했다. 그러자 어린이 세트에 대한 민원이 잇따랐고, 이를 처리하느라 다른 주문까지 밀리게 되었다.

그 결과, 어린이 세트와 상관없는 주문을 한 고객들의 불만이 폭발했다. 미숙한 고객 대응, 느린 서비스와 같은 이미지는 맥도날드에 큰 타격을 주었고, 그 이후 급격한 매출 하락을 겪게 되었다.

총체적 위기는 사소한 위기관리의 부재에서 올 수 있기에 깨진 유리창은 바로 수선해야 한다는 것이 '깨진 유리창 이론'이 주는 교훈이다.

010

넛지

Nudge

강압적이지 않은 부드러운 개입으로 사람들이 더 좋은 선택을 할 수 있도록 유도하는 방법이다.

음악이 나오니까
계단으로 가고 싶네!

노래하는 계단

계단이 건강에 좋은 줄
누가 모르나?

계단 한 칸에
건강 한 걸음!

넛지nudge는 원래 '팔꿈치로 슬쩍 찌르다', '팔꿈치로 쿡 찌르다'라는 뜻의 영어 단어다. 미국의 행동경제학자 리처드 세일러Richard H. Thaler와 법률가 캐스 선스타인Cass R. Sunstein은 『넛지』라는 책에서 '넛지'를 '사람들의 선택을 유도하는 부드러운 개입'이라고 정의했다. 이러한 간접적인 개입법은 특정한 방향의 선택을 금지하거나 특정한 방향으로 반응할 때 인센티브를 올려 주는 직접적인 개입 방식과 구별된다. 선택의 자유를 개인에게 더 많이 부여해 선택을 한다는 점이 다르다.

사람들이 결정을 내리도록 '정황이나 맥락'을 만드는 사람을 '선택 설계자choice architect'라고 부른다. 예를 들어, 학교 영양사가 교내 식당에서 음식의 위치를 바꾼 실험을 선택 설계자의 넛지로 볼 수 있다. 영양사의 행동은 학생들의 음식 선택에 어떤 영향을 끼쳤을까? 영양사는 음식의 종류는 바꾸지 않고 오로지 음식의 진열이나 배열만 바꾸기로 한다. 놀랍게도 음식을 재배열한 것만으로도 특정 음식 소비량이 25퍼센트 증가하거나 감소했다. 실험 결과를 토대로, 영양사는 학생들에게 건강에 이로운 음식을 더 많이 선택할 수 있도록 유도할 수 있었다. 이 과정을 간단히 정리해 보면 다음과 같다.

반면 최근 많은 기업이 소비자의 이익이 아닌 기업만의 이익 창출을 위해 넛지를 이용하는 사례 또한 볼 수 있다. 예일 대학의 로버트 실러

교수Robert Shiller는《뉴욕타임스The New York Times》에 기고한 칼럼에서 이러한 행동을 '피싱 사기Phishing'라고 명명했다. 소비자가 손해를 볼 수 있는 주의사항을 아주 작은 글씨로 표시하고, 유료를 무료처럼 보이게 하는 방식 등은 넛지를 악용한 예라고 볼 수 있다.

011

노시보 효과

Nocebo effect

제대로 약을 제대로 처방했는데도 환자가 효과가 없다고 생각하면 약효가 나타나지 않는 현상이다.

관련용어 플라시보 효과

노시보 효과는 효과 없는 약도 환자가 약효를 믿으면 병세가 호전되는 플라시보 효과Placebo effect와는 정반대다. 플라시보 효과가 '이루어질 거라는 기대의 긍정적인 효과'를 의미하는 데 반해 노시보 효과는 '부정적인 암시가 초래하는 부정적인 결과'를 의미한다.

풍토병이 돈다는 소문이 퍼지자, 그 지역 사람들의 상당수가 감염되지 않았는데도 이유 없이 발진, 발열, 구토 등 풍토병 증상을 호소하는 것이 그 예다.

노시보 효과로 인해, 해롭지 않은 물질로도 질병이나 죽음에 이르기도 한다. 의사들은 실제로 부정적인 진단을 받은 환자가 부정적인 자기암시로 단기간 내 사망하는 경우가 많다고 한다.

임상 실험에서 나타난 노시보 효과의 일례를 살펴보자. 약품 임상 실험에 참여한 젊은 남자가 자신이 처방받은 약을 항우울제라고 생각했다. 그 약을 과다 복용하자 남자의 상태는 위독해졌다.

그러나 인체에 무해한 가짜 약을 복용한 집단에 속해 있었다는 말을 듣자 남자는 건강해졌다. 그런데 실제로 남자가 복용했던 약은 항우울제였다.

012

노출증

Exhibitionism

성적性的 도착증의 일종으로 반복적으로 낯선 사람 앞에서 자신의 성기, 가슴, 엉덩이 등을 드러내 강한 성적 흥분을 느끼는 증상이다.

노출증은 프랑스 정신과 의사인 샤를 라세그Charles Lasègue가 1877년 정신장애의 일종으로 처음 언급했다. 노출증이 정신장애 진단을 받으려면 상대방의 동의 없이 성적 흥분을 위해 신체를 노출하는 행동과 이로 인해 일상생활에 상당한 지장을 받는 특징이 나타나야 한다.

남자가 여자에게 노출하는 경우가 많다. 어릴 때부터 이런 증상이 시작된 경우 자주 노출하고 노출에 대한 수치심을 느끼지 못할수록 치료 예후가 좋지 않은 것으로 알려져 있다.

흔히 '바바리맨'으로 대표되는 남성의 노출증은 정신분석 이론에 의하면 자신의 성기가 잘릴지도 모른다는 '거세 공포증'에 그 원인이 있다. 자신의 성기를 사람들에게 과시하려는 욕구, 성기를 드러냈을 때 당황하는 사람들의 태도를 보고 쾌감을 느끼려는 행위는 '거세 공포증'을 해소하고자 하는 무의식적 욕구의 발현이라는 것이다.

여성의 노출증은 남성의 노출증에 비해 간접적이고 소극적으로 드러난다. 또한 남성의 노출증이 주로 성기에 집중되는 반면, 여성의 노출증은 성기를 비롯해 가슴, 엉덩이 등 다양한 부위와 관련해서 나타난다.

나체로 거리를 활보하는 일, 자신의 성기 사진이나 자위행위 동영상을 배포하는 일 또한 노출증에 속한다. 이와 같은 성 도착증은 질병인 동시에 경범죄에 속한다. 여러 사람들이 볼 수 있는 장소에서 신체의 주요한 부위(예: 성기)를 내놓아 타인에게 불쾌감을 주는 경우 '경범죄(과다노출)'에 해당되며 성적인 욕구를 채우기 위한 행위가 있을 경우 '공연 음란죄'로 처벌받을 수 있다.

그러나 성적 쾌감이나 거세 공포증 해소가 목적이 아닌 노출도 있다. 심한 정신분열증이나 치매를 앓고 있는 경우 등에는 타인에게 성기 등의 신체 부위를 노출해도 노출증이라고 단정하지 않는다. 이들은 자신이 노출을 하고 있다는 사실 자체를 인지하지 못하는 경우가 대부분이기 때문이다.

013

도박사의 오류

Gambler's fallacy

도박에서 줄곧 잃기만 하던 사람이 이번엔 꼭 딸 거라고 생각하는 오류다.

도박에서 이기고 질 확률은 대략 50 : 50이다. 확률에서는 앞 사건의 결과와 뒤 사건의 결과가 서로 독립적인데 도박사의 오류는 이를 이해하지 못해서 발생한다.

1913년, 모나코 몬테카를로 보자르 카지노의 룰렛 게임에서 구슬이 20번 연속 검은색 칸에 떨어지는 일이 벌어졌다. 그러자 게이머들은 이제 붉은색에 구슬이 떨어질 차례라고 확신하며 붉은색에 돈을 걸었다.

그러나 26번째를 지날 때까지 구슬은 검은색에서 멈췄다. 많은 게이머들이 수많은 돈을 잃은 이 사건에서 '몬테카를로의 오류Monte Carlo fallacy'라는 말이 생겨났다. 이를 '도박사의 오류'라고 한다.

게임에서 계속 진 도박사는 슬롯머신에 계속 동전을 넣으면서, 여러 번 졌기 때문에 다음에는 이길 확률이 높을 것이라 판단한다. 왜 그런 판단을 내릴까?

슬롯머신은 두 개의 같은 숫자와 하나의 다른 숫자, 예를 들어 6, 7, 7의 숫자가 여러 차례 나온다. 도박사는 여러 회를 거친 후에, 다음번에는 세 개의 같은 숫자가 나온다고 기대한다. 여러 번 시행을 거치는 동안 '기계가 그동안 나왔던 숫자의 조합을 기억할 것'이라고 기대하면서

주관적인 확률 규칙을 형성하게 되는 것이다. 그러나 도박사가 동전을 넣을 때마다 이길 수 있는 확률은 매회 거의 동일하다고 보는 것이 타당하다.

주식 투자에서 계속 주가가 내렸으니까 다음엔 오를 것으로 기대하는 것, 당첨 확률이 극히 낮은 복권을 계속 사는 것, 내리 딸을 낳았으니 이번엔 아들을 낳을 거라고 생각하는 것 등도 도박사의 오류에 해당한다.

뜨거운 손 오류Hot-hand fallacy는 스포츠나 도박에서 한 번 성공한 사람이 다음에도 계속 성공할 것이라는 믿음을 말한다. 심리학적으로, 연속적인 성공을 기억하는 편이 성공과 실패의 조합을 기억하는 것보다 수월하기에 이런 오류가 발생한다.

예를 들어, 야구장의 관중들은 이전 타석에서 안타를 친 타자에게 다음 타석에서도 안타를 칠 거라는 큰 기대를 갖는 경향이 있다. 여기서 '뜨거운 손'은 그 기대를 받는 타자를 의미한다.

014

디드로 효과

Diderot effect

하나의 물건을 구입한 후 그 물건과 어울리는 다른 제품들을 계속 구매하는 현상이다. 일부에서는 디드로 통일성Diderot conformity이라고도 부른다.

　사람들은 구매한 물품들 사이의 기능적인 동질성보다는 정서적, 문화적인 측면에서의 동질성 혹은 통일성을 추구하는 경향이 있다. 시각적으로 관찰이 가능한 제품일수록 이 효과가 더 커진다.

　18세기 프랑스의 철학자 디드로Denis Diderot의 에세이『나의 옛 가운을 버린 것에 대한 후회Regrets on Parting with My Old Dressing Gown』에서 처음 언급되었다.

　디드로는 친구가 준 세련된 빨간 가운과 자신의 낡은 물건들이 어울리지 않는다고 생각했다. 그는 가운과 어울리도록 빨간색 계열로 의자, 책상 등을 사바꾸다가 마침내 모든 가구를 바꾸었다. 결국 돈을 낭비한 그는 자신이 빨간 가운의 노예가 되었다며 우울해했다.

　미국 사회학자이자 경제학자인 줄리엣 쇼어Juliet B. Schor 역시 1992년 자신의 베스트셀러『과소비하는 미국인들: 왜 우리는 우리에게 필요 없는 것을 원하나The Overspent American : Why We Want What We Don't Need』에서 디드로 효과의 부정적인 측면을 지적한 바 있다.

　하지만 경제 분야에서는 이러한 디드로 효과를 마케팅에 적용하고 있다. 많은 기업이 디드로 효과를 이용한 '크로스 브랜딩Cross branding' 전략을 시도한다. 명품 회사는 고객에게 일단 자사의 명품 가방을 사도록 유인한다. 그 후에는 자사의 명품 가방과 관련된 또 다른 자사 제품을 사도록 유인한다. 예를 들어, 명품 가방을 구입한 고객은 가방과 어울리는 그 회사의 지갑도 사야겠다는 욕구를 갖게 된다. 결국 고객은 그 명품 회사의 제품을 지속적으로 구매하게 된다는 것이다.

그 밖에도 패밀리 룩이나 커플 룩 같은 토털 패션total fashion, 제품과 관련된 다양한 예술 상품을 만들어 파는 아트 컬래버레이션art collaboration 등은 제품의 심미적 조화를 추구하는 소비자들의 구매 욕구를 지속적으로 자극한다. 또한 다른 산업 분야의 아이템을 결합하는 '하이브리드 패치워크hybrid patchwork'도 디드로 효과를 이용한 마케팅이다. 웹툰의 캐릭터를 입힌 캔 커피, 엔터테인먼트와 의류 회사의 합작으로 탄생한 브랜드 등을 그 예로 들 수 있다.

015

램프 증후군

Lamp syndrome

실제로 일어날 가능성이 없는 일에 대해 마치 알라딘의 요술 램프의 요정 지니를 불러내듯 수시로 꺼내 보면서 걱정하는 현상이다.

　램프 증후군은 쓸데없는 걱정을 하는 모습을 지칭하는 말로 '과잉근심'이라고도 한다. 참고로 뚜렷한 주제 없이 잔걱정이 가득한 경우에 해당하는 정신장애를 '범불안장애Generalized Anxiety Disorder'라고 한다.

　〈알라딘과 요술램프Aladdin's Wonderful Lamp〉는 중동의 민화들로 구성된 설화집 『천일야화』에 실린 이야기 중 하나다. 한 마법사가 알라딘을 꾀어내 동굴 속에 있는 낡은 램프를 대신 가져오라고 시킨다. 알라딘이 램프를 손에 넣은 뒤 마법사에게 동굴 속에서 꺼내 달라고 하자, 마법사는 램프를 먼저 건네면 꺼내 주겠다고 한다. 알라딘은 이를 거부하고 마법사와 실랑이를 벌이다가 그만 동굴에 갇혀 버린다. 다행히 알라딘은 마법사가 위험에 처했을 때 사용하라고 준 반지를 이용해 동굴을 탈출한다. 집으로 돌아온 알라딘은 낡은 램프를 어머니에게 맡긴다. 어머니가 램프를 닦자 소원을 들어 주는 요정이 나타나고, 요정 덕분에 공주와 결혼까지 할 수 있었다는 이야기다. 램프 증후군은 현대에 이르러 알라딘이 램프의 요정을 불러내듯이 근심, 걱정을 불러내 스스로를 괴롭히는 현상을 지칭하게 되었다.

이 시대는 대중의 불안한 심리와 막연한 공포감을 마케팅에 이용하기도 한다. 특히 공포 마케팅은 금연, 안전벨트 착용, 음주운전 금지 등과 같은 대표적인 공익광고에 이용된다. 담배 공익광고의 경우 해악을 강조하여 경각심을 불러일으킬 수도 있지만 후두암이나 폐암 등을 지나치게 묘사해 거부감이 들게 하는 측면도 있다. 학원이나 온라인 동영상 강의 제공 업체들은 '이 수업을 듣지 않으면 뒤처진다'라거나 '이미 늦었다'라는 자극적인 문구로 소비자를 불안하게 만든다.

보험이나 금융업계에서도 공포 마케팅을 적극적으로 이용한다. 독거노인이 고독사하는 모습이나, 노후를 대비하지 못해 가난하게 살아가는 모습을 보여줌으로써 미래에 대한 불안 심리를 이용해 보험 상품을 권유한다.

핵가족화, 고령화로 우리 사회는 독거노인과 1인 가구가 증가하는 추세에 있다. 더 이상 사회 구성원은 가족이나 공동체의 보호를 받지 못하고 충격과 불안, 공포를 개개인이 고스란히 받아들이는 사회가 되었다.

뉴스에도 보도되지 않는 사건 사고나 세월호 참사, 메르스 사태와 같은 재난 등을 인터넷이나 SNS를 통해 시시각각 접하게 되었다. 그러나 그로 인해 대리 외상을 경험함으로써 예측할 수 없는 위험에 대해 지나치게 민감한 반응을 보이게 되었다.

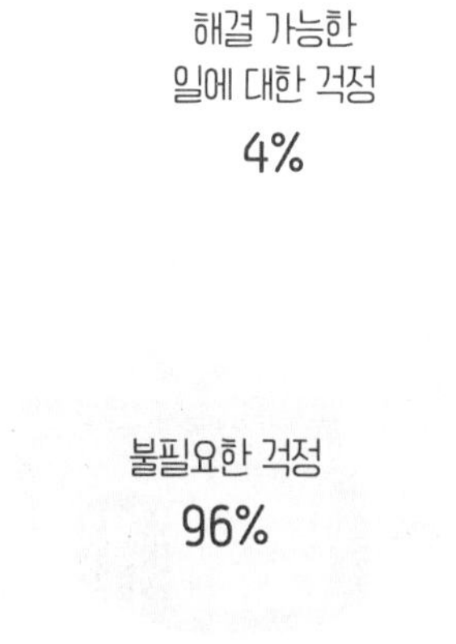

해결 가능한
일에 대한 걱정
4%

불필요한 걱정
96%

미국의 심리학자 어니 젤린스키Ernie J. Zelinski는 사람이 하는 걱정의 4퍼센트 정도만 해결할 수 있는 일에 대한 것이고 나머지 96퍼센트는 그렇지 않다고 말했다. 결국 96퍼센트의 걱정은 하나 마나 한 셈이다. 쓸데없는 걱정과 염려로 스스로를 괴롭히기보다는 일상의 스트레스를 적절히 관리하면서 작은 일이나마 조금씩 성공의 경험을 쌓아 가려는 자세가 필요하다.

리마 증후군

Lima syndrome

인질범들이 포로나 인질들에게 동화되어 동정심을 가지고 공격적인 태도를 거두는 비이성적인 현상이다.

관련용어 스톡홀름 증후군

페루의 반反정부 조직 투팍아마루 혁명(일명 MRTA) 요원들은 1996년 12월 17일 일본 대사관을 점거했다. 그들은 페루 정부군의 기습을 받은 1997년 4월 22일까지 400여 명의 인질들과 함께 생활했다. 시간이 흐를수록 반군들은 인질들이 가족에게 편지를 보내는 것을 허용하고, 의약품이나 의류 반입도 허가해 주었다. 반군들은 미사 의식을 개최하면서 인질들에게 자신의 신상을 털어놓기도 했다. 당시 14명의 반군들은 인질들과 126일을 함께 보내면서 점차 그들에게 동화되는 모습을 보였다.

페루 정부의 강경 진압으로 반군들은 모두 사살되었다. 후에 심리학자들은 사건 발생지 리마 지역의 이름을 따서 범인이 인질에 동화되는 현상을 '리마 증후군'이라고 명명했다. 리마 증후군이 발생한 원인은 아직까지 분명하지 않다. 반군들 중 온정적인 사람이 포함되어 있었기 때문으로 보기도 하고, 인질 수가 지나치게 많아서 모두 밀착 관리가 어려웠기 때문으로 보는 견해도 있다.

플로리안 헹켈 폰 도너스마르크Florian Henckel von Donnersmarck 감독의 영화 〈타인의 삶The Lives Of Others〉은 1984년 동독을 배경으로 한다. 영

화는 극작가 드라이만과 그의 애인 크리스타를 감시하는 비밀경찰 비즐러의 심경 변화를 잘 다루고 있다. 냉혈 인간이었던 비즐러는 드라이만과 크리스타를 감시하면서 그들을 체포할 단서를 얻기는커녕 오히려 두 사람의 삶에 감동을 받는다.

시드니 루멧Sidney Arthur Lumet 감독의 영화 〈뜨거운 오후Dog Day Afternoon〉는 뉴욕의 은행을 털려고 했던 어설픈 은행 강도 소니와 샐의 이야기를 다루고 있다. 그들은 은행원들을 인질로 삼지만 뜻대로 다

루지 못하고 경찰과의 협상 과정에서 오히려 군중의 응원을 받는다.

리마 증후군과 달리 인질이 인질범에게 동화되어 그들에게 동조하고 따르는 비이성적인 심리 현상도 있다. 1973년 8월, 네 명의 무장 강도들이 스톡홀름 노르말름스토리Norrmalmstorg의 크레디트반켄Kreditbanken 은행을 점거한 사건에서 비롯되었다. 6일간 잡혀 있던 인질들은 엄청난 공포 속에서도 가끔씩 인질범들이 보여 준 친절과 호의에 동화되었다. 인질들은 풀려난 후에 경찰이 사건에 대한 증언을 요청해도 오히려 경찰을 적대시하는 모습을 보였다. 이 증후군 역시 사건이 발생한 지역의 이름을 따서 '스톡홀름 증후군Stockholm syndrom'이라고 부른다.

017

리셋 증후군

Reset syndrome

컴퓨터가 오작동할 때 리셋 버튼만 누르면 처음부터 다시 시작할 수 있듯이, 현실에서도 사건을 되돌리는 것이 가능하다고 착각하는 증상이다.

리셋 증후군은 컴퓨터를 실행하다가 프로그램에 문제가 생겼을 때 스위치의 전기 신호로 시스템을 초기화시킨다는 뜻의 '리셋reset'과 증후군을 뜻하는 '신드롬syndrome'의 합성어다. 이 증후군에 속하는 사람은 조금만 어려움이 있어도 이를 회피하고 다시 시작하려는 경향을 보인다. 이러한 증상은 사이버 세계와 현실 세계를 혼동하기 때문에 생긴다.

1990년 일본에서 처음 거론된 후, 1997년 5월 일본 고베 시에서 발생한 초등학생 토막 살인 사건으로 널리 퍼졌다. 고베 시의 초등학생 토막 살인 사건의 범인은 놀랍게도 열네 살의 중학생이었다. 그는 지독한 컴퓨터 게임 중독자였다. 게임 중독의 대표적인 특징은 가상 세계와 현실 세계를 잘 구분하지 못한다는 것이다. 이 중학생과 같이 리셋 증후군을 보이는 범죄자는 심각한 범죄를 저지르면서도 그것을 게임으로 착각한다. 그래서 몇 번이고 다시 살아날 수 있다고 생각하거나 남에게 피해를 입혔다는 죄책감도 리셋시킬 수 있다고 믿는다.

새로운 정보를 습득하는 데 거부감이 없는 디지털 세대는 트렌드를 이끌어 갈 수 있는 힘이 있다. 반면에 자신도 모르는 사이에 리셋 증후

군을 겪을 수 있다. 리셋 증후군은 게임, 통신, 음란물 등을 포함한 인터넷 관련 중독의 한 유형이다. 인터넷 서버에 동시 접속자 수가 많으면 파일의 전송 속도가 느려지거나 화면이 멈추는 일이 생기는데, 이럴 때 조급증으로 인해 리셋 버튼을 누르거나 인터넷 연결 자체를 닫아 버리는 경우도 리셋 증후군에 속한다.

리셋 증후군의 대표적인 특징은 인터넷으로 무엇이든 해결할 수 있다고 생각한다. 게임(또는 인터넷) 속 세상을 마치 현실처럼 인식한다. 자신이 현실보다 인터넷 세계에서 더 유능하다고 생각한다. 자기 합리화가 심해지고 잘못을 저질러도 쉽게 돌이킬 수 있다고 믿는다.

리셋 증후군을 치료하려면 인터넷을 이용하는 시간을 제한하고 규칙

적인 운동을 하거나 사색하는 습관을 가지는 것이 좋다. 또한 게임 중독으로 자신의 감정을 다스리지 못하는 사람에게는 현실과 가상을 구분할 수 있도록 객관적인 충고가 필요하다.

018

리플리 증후군

Ripley syndrome

현실 세계를 부정하고 허구의 세계만을 진실로 믿으며 상습적인 거짓말과 거짓 행동을 일삼는 반사회적 성격장애 증상이다.

'리플리 효과' 혹은 '리플리 병'이라고도 한다. 거짓이 탄로나는 걸 불안해하는 단순한 거짓말쟁이와 달리, 리플리 증후군을 보이는 사람은 자신이 한 거짓말을 완전한 진실로 믿는다.

《재능 있는 리플리 씨The Talented Mr. Ripley》는 미국의 여류 작가 퍼트리샤 하이스미스Patricia Highsmith가 1955년에 쓴 범죄 소설이다. 반항아적 기질의 주인공 톰 리플리는 친구이자 재벌의 아들인 디키 그린리프를 죽이고 대담한 거짓말과 행동으로 그린리프의 인생을 가로챈다. 즉 톰 리플리가 아닌 디키 그린리프의 삶을 산 것이다. 그러나 그린리프의 시체가 발견되면서 그의 연극은 막을 내린다. 알랭 들롱Alain Delon이 주연한 영화《태양은 가득히Purple Noon》의 원작이 바로 이 소설이다.

대표적인 리플리 증후군의 사례로는 S씨의 학력 위조 사건을 꼽을 수 있다. S씨는 2007년 동국대 교수 임용 및 광주 비엔날레 총감독 선임 과정에서 예일대 박사 학위 학력을 위조한 것으로 드러났다. 영국의 일간지《인디펜던트The Independent》는 이 사건을 '재능 있는 리플리 씨'에 빗대어 '재능 있는 S씨The Talented Ms. Shin'로 표현했다. 이 표현은 리플리 증후군이 우리나라에 널리 알려지는 계기가 되었다.

    2014년 SBS의 시사 프로그램 〈그것이 알고 싶다〉에서는 2008년부터 6년 동안 48개의 유명 대학교를 전전하며 신입생 행세를 한 사람의 사연을 추적했다. 그는 실제 학생의 이름을 도용하는 범죄를 저지르면서 신입생 행세를 했다. 학창 시절 왕따를 당한 그는 명문대를 다닌다고 했을 때 그를 바라보는 사람들의 시선이 좋아서 거짓말을 그만두지 못했다고 털어놓았다.

    2015년 미국 고등학교에 재학 중이던 한 여고생이 스탠퍼드와 하버드 대학에 동시 합격했다는 뉴스가 이슈가 되었다. 스탠퍼드와 하버드 대학을 각각 2년씩 다니고 원하는 학교에서 졸업할 수 있다는 파격적인 제안은 취재 결과 거짓으로 드러났다.

욕구 불만족과 열등감에 시달리는 사람이 자신의 상습적인 거짓말을 진실로 믿게 되면 단순한 거짓말로 끝나지 않을 수 있다. 타인에게 심각한 금전적, 정신적 피해를 입힐 위험성이 높고, 심한 경우 그 자신의 삶도 파국을 맞이할 수 있다.

019

맥거핀 효과
MacGuffin effect

영화에서 중요한 소재나 사건처럼 등장하지만 실제로는 줄거리와 전혀 상관없이 관객들의 주의를 분산시키거나 공포를 유발하기 위해 사용하는 극적 장치 혹은 속임수다.

맥거핀mcguffin은 '속임수, 미끼'라는 뜻의 영어 단어다. 이러한 미끼는 있지도 않은 물건이나 내용으로 독자 시청자의 주의를 전환해 오류가 발생하도록 유발한다. 대체로 극 초반에 사건의 중요한 실마리처럼 등장하지만 줄거리에는 영향을 끼치지 않는다.

맥거핀은 1940년 앨프리드 히치콕Alfred Hitchcock 감독이 자신의 영화 〈해외특파원Foreign correspondent〉에서 별 의미 없이 사용한 암호명이었다. 히치콕의 말을 빌리면 스코틀랜드인의 이름에서 차용했다고 한다.

알프레드 히치콕

1960년에 미국에서 개봉한 히치콕의 영화 〈사이코Psycho〉에서 극 초반에 여주인공이 돈을 훔쳐 달아나는 장면이 나온다. 관객은 돈다발에 집중하지만, 그것은 여주인공을 영화의 주요 배경인 모텔로 인도하는 미끼였을 뿐이다. 이렇게 맥거핀은 관객에게 공포감을 느끼게 만들어 주로 스릴러나 미스터리 형식의 영화에서 많이 활용된다.

맥거핀은 한때 영화 용어로 한정되었으나 현재는 여러 분야에서 사용되고 있다. 일부 언론은 실제 내용과는 상관없는 제목을 내세워 어떻게든 독자들을 낚으려 한다. 인터넷을 하는 사람들 대부분이 자극적이고 선정적인 제목만을 보고 충동적으로 기사를 클릭하기 때문이다. 유명 배우가 큰 문제를 일으켰다고 해서 기사를 클릭하면 '극 중에서 그랬다'는 식으로 조회 수만 올리려는 기사가 넘쳐나고 있다. TV의 예능 프로그램에는 섭외를 원하는 유명인의 이름을 계속 노출시키거나 다른 출연자가 대신 그들의 소식을 전해 흥미를 끄는 방식의 맥거핀이 등장하기도 한다. 실제로 출연하지는 않지만 언젠가 출연할지도 모른다는

기대감을 증폭시켜 나름의 영향력을 발휘하는 것이다.

상업 영화에서는 맥거핀 효과를 홍보 수단으로 이용하기도 하는데, 잘못 이용하면 예고편이나 포스터가 영화 내용과 전혀 다른 경우가 발생한다. 특정 인물의 생애를 대표하는 제목에 이끌려 영화를 봤는데 주제에 맞지 않는 내용이 나오면 관객의 만족도를 떨어뜨리게 된다. 맥거핀 효과의 부정적인 예라고 할 수 있다.

020

므두셀라 증후군

Methuselah syndrome

추억을 아름답게 포장하거나 나쁜 기억은 지우고 좋은 기억만 생각하려는 심리이다.

므두셀라 증후군은 기억 왜곡을 동반한 일종의 도피 심리다. 싫어서 헤어졌지만 상대방을 좋은 사람이었다고 기억하려는 심리가 대표적이다. 사람은 특히 유년시절, 학창 시절, 첫사랑을 회상할 때 나쁜 기억보다 좋은 기억을 떠올리는 경향이 있다.

구약성서에 등장하는 므두셀라(노아의 할아버지)는 969살까지 살았던 인물로 장수의 상징이다. 그는 나이가 들수록 과거에 대한 좋은 기억만 떠올리고, 좋았던 과거로 돌아가고 싶어 했다. 이러한 므두셀라의 모습에 빗대어 '므두셀라 증후군'이라는 용어가 탄생했다.

사람은 보통 현실이 힘에 겨울 때 좋았던 과거로 회귀하려는 경향이 있다. 실제로 시간을 거슬러 돌아갈 수는 없기 때문에 좋았던 기억을 떠올리고 그리워하면서 복합적인 감정을 느끼게 된다. 이처럼 향수鄕愁에 젖는 것은 일종의 퇴행regression 심리다. 즉 현실을 부정하고, 감정적으로 안정적이었던 과거로 돌아가고픈 것이다.

대중매체에서는 므두셀라 증후군을 이용하여 각종 프로그램들을 유행시키고, 홍보와 마케팅에도 적극 반영하고 있다. 90년대 음악과 1세대 아이돌을 추억하게 만드는 무한도전의 '토토가', 과거의 좋았던 시

절과 아름다웠던 첫사랑을 동시에 떠올리게 만드는 드라마 '응답하라' 시리즈가 대표적인 예다. 이를 레트로 마케팅Retrospective marketing이라고 한다. 과거를 회상하는 것으로 마케팅을 한다는 의미다. 7080세대들에게는 과거를 아름답게 회상하는 계기가 되고, 젊은 세대들에게는 전혀 겪어 보지 않은 시기를 간접적으로 경험하게 함으로써 새로움을 느끼게 한다.

과거의 기억에 대해 부정적으로 생각하고 나쁜 감정만 떠올리는 현상을 '순교자 증후군'이라고 한다. 이 증후군은 무드셀라 증후군과 반대되는 개념이다. 모든 박해를 견디며 자기가 믿는 신앙을 지켜내기 위해 목숨을 바친 순교자에서 유래한다. 순교자 증후군이 있는 사람은 자신이 늘 희생자이고 피해자라고 생각한다.

021

뮌하우젠 증후군

Münchausen syndrome

타인의 사랑과 관심, 동정심을 유발하기 위해 자신의 상황을 과장하고 부풀려서
이야기하는 행동으로 허언증虛言症의 하나다.

관련용어 리플리 증후군

뮌하우젠 증후군은 심한 경우 자신에게 유리하도록 상황을 조작하거나 꾸며 내기도 하며, 학대나 자해와 같은 극단적인 행동을 하기도 한다.

18세기 독일의 군인이자 관료였던 폰 뮌하우젠 남작Baron Karl Friedrich Münchausen은 자신이 경험하지 않은 모험을 실제로 한 것처럼 꾸며 사람들을 속이고 관심을 얻었다. 뮌하우젠의 모험담이 선풍적인 인기를 끌자 루돌프 라스페Rudolf Raspe는 그의 이야기를 엮어 『허풍선이 뮌하우젠 남작의 놀라운 모험』이라는 책을 출판했다. 1951년 영국의 정신과 의사 리처드 애셔Richard Asher는 이 책에서 '뮌하우젠 증후군'이라는 이름을 따왔다.

폰 뮌하우젠

뮌하우젠 증후군이 있는 사람들은 타인의 관심을 끌기 위해 일부러 아픈 척하거나 자신의 이야기를 부풀리는 정신장애를 보인다. 이들은 주로 어린 시절 부모에게 사랑을 못 받았거나 심한 박탈감을 경험한 경우가 많다. 따라서 부모나 타인으로부터 사랑받으려는 욕구가 이러한 행동의 원인이 된다. 타인의 관심을 받기 위해 자해하거나 병명을 꾸며 낸다. 그러다 꾸며 낸 병명이 실제 증상으로 나타나기도 한다. 헌신적인 부모라는 칭찬을 듣고 싶어 자신의 아이를 돌보면서 다른 사람들 몰래 학대하기도 한다.

리플리 증후군Ripley syndrome은 허구의 세계를 상상하고 믿는 증상이다. 자신이 상상한 세계를 계속 믿기 위해 거짓말을 반복한다. 절도, 사기, 살인 등의 범죄를 일삼기도 한다. 그러나 리플리 증후군은 타인의 관심을 받기 위해 행동하는 것이 아니라 자기 자신의 만족을 우선시한

다는 점에서 뮌하우젠 증후군과 다르다.

022

바넘 효과

Barnum effect

보편적으로 적용되는 성격 특성을 자신의 성격과 일치한다고 믿으려는 현상이다.

바넘Phineas Taylor Barnum은 19세기 미국의 곡예단에서 사람의 성격을 알아맞히는 일을 하던 사람이었다. '바넘 효과'는 그의 이름에서 유래한다. '바넘 효과'라는 용어는 미국의 심리학자 밀Paul Everett Meehl이 1956년에 처음으로 명명했다.

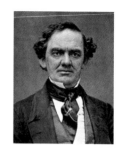

바넘

바넘 효과는 관련된 실험을 실시한 미국의 심리학자 포러Bertram Forer의 이름을 따서 '포러 효과Forer effect'라고도 불린다. 1949년에 포러가 대학생을 대상으로 실시한 성격 검사 실험에서 바넘 현상이 발견되었기 때문이다. 모두에게 동일한 성격 검사 결과지를 나누어 주고 각자 얼마나 자신의 성격과 일치하는지 평가하게 하는 실험이었다.

성격 검사 결과지의 예를 들면 다음과 같다.

성격 검사 결과지

① 당신은 자신에게 비판적인 경향이 있습니다.

② 외면적으로는 잘 정돈되어 있지만 내면적으로는 걱정이 많습니다.

③ 다른 사람에게 지나치게 솔직한 것은 현명하지 않다고 생각합니다.

④ 안전한 생활은 당신 인생에서 중요한 목표입니다.

⑤ 당신이 목표로 하고 있는 것 중 일부는 현실성이 떨어집니다.

이 결과가 부합되는 정도를 1점(전혀 맞지 않음)에서 10점(매우 잘 맞음) 사이의 점수로 평가해 주십시오.

대부분의 사람들은 검사 결과가 자신의 성격을 아주 잘 묘사했다고 이야기했다. 포러의 성격 검사 실험 결과를 살펴보면 80퍼센트 이상의 사람들이 검사 결과가 자신의 성격과 일치하다고 말했다. 모두 똑같은 성격 검사 결과를 받았는데도 말이다.

바넘 효과는 어떠한 사전 정보도 없이 상대방의 성격이나 심리를 읽어 낼 수 있다고 믿게 만드는 '콜드 리딩Cold reading'이란 기술과 연관 지어 생각해 볼 수 있다. 사주나 타로카드 등 점을 치는 점쟁이들은 이러한 바넘 효과와 콜드 리딩 수법으로 고객의 귀를 솔깃하게 한다. 바넘 효과를 유발하는 전형적인 진술은 얼핏 보면 상대방을 간파하는 듯하지만 사실 애매모호한 면이 가득해 어느 누구한테나 들어맞을 수 있다.

023

방관자 효과

Bystander effect

주변에 사람이 많으면 많을수록 책임이 분산되어 오히려 위험에 처한 사람을 덜 돕게 되는 현상이다. 구경꾼 효과라고도 한다.

사람들은 일반적으로 어떻게 행동해야 할지 불확실한 상황에서 대부분 다른 사람들의 반응과 행동을 참조하는 경향이 있는데, 서로 눈치만 살피다가 결국은 방관으로 끝날 가능성이 높다.

1964년 3월 13일, 일을 마치고 집으로 귀가하던 여성 제노비스Kitty Genovese가 강도의 칼에 찔려 살해당하는 사건이 일어났다. 이 사건은 2주 뒤《뉴욕타임스The NewYork Times》야 "살인을 목격한 38명은 아무도 경찰에 신고하지 않았다Thirty-Eight Who Saw Murder Didn't Call the Police" 라는 자극적인 제목의 기사를 실으면서 세간의 주목을 받게 되었다.

제노비스가 비명을 지르는 35분 동안 목격자들은 고함을 치지도 않았고 구조의 손길을 보내지도 않았다고 한다. 그러나 실제로 목격자는 38명이 아닌 12명이었다. 추운 겨울이라 창문을 닫고 있었던 대부분의 사람들은 제노비스의 비명을 그저 연인끼리 다투는 소리라고 생각했다. 그런데 범인 윈스턴 모즐리Winston Moseley가 처음 제노비스를 덮쳤을 때 분명 고함친 사람도 있었고, 경찰에 신고한 사람도 있었다. 보도 내용은 과장된 것이었다. 그러나 대부분의 목격자들이 경찰에 신고하지 않은 것도 사실이다. 제노비스는 불행히도 눈에 띄기 어려운 사각지대로 들어갔고, 고함 소리에 도망쳤다가 되돌아온 범인의 손에 결국 살해당하고 말았다.

제노비스를 살해한 윈스턴 모즐리는 종신형을 선고받았다. 그런데 교도소에서 복역하며 사회학 박사 학위를 따기도 했다. 그는 1977년 《뉴욕타임스》에 편지를 보내, 자신이 저지른 사건 덕분에 타인이 위험에 처했을 때 나서서 도와야 한다는 깨달음을 줘 사회에 기여했다는 망언을 남기기도 했다. 결국 방관자 효과는 자신이 아닌 누군가가 도와줄 것이라는 심리적 요인 때문이다.

1968년 사회심리학자 존 달리John Darley와 빕 라테인Bibb Latane은 대화 도중 한 학생이 간질 발작을 일으키는 실험을 설계했다. 두 명씩 1대 1로 대화를 나누던 학생의 85퍼센트는 상대방이 발작을 일으키자 즉시 이 사실을 알렸다. 반면에 네 명이 함께 대화하던 집단은 62퍼센트가, 일곱 명 집단은 31퍼센트만이 발작 사실을 알렸다. 사실을 알리지 않은 학생들은 발작 상황을 알려야 되는지 잘 몰랐고, 자기 대신에 누군가가 할 것이라 생각했다고 말했다. 달리와 라테인은 모호한 상황

속에서 서로에게 책임을 미루는 것을 방관자 효과가 일어나는 원인으로 제시하며 이를 '책임 전가 혹은 책임 분산diffusion of responsibility'이라고 했다. 문제는 이러한 현상이 타인의 고통에 무감각하고 이기적인 이들에게만 나타나는 것이 아니라 평범한 이들에게 보편적으로 나타난다는 점이다.

위급한 상황에서 머뭇거리는 타인의 도움을 얻기 위해서는 그들에게 책임감이나 구조의 의무를 부여할 필요가 있다. '갈색 가방을 들고 있는 사람', '빨간 셔츠를 입은 남자' 등 구체적이고 명확하게 지목하는 것이 좋다. 그렇게 해야 요청을 받은 사람도 자신이 직접적으로 도움을 줄 책임이 있다고 인식하게 될 것이다. 또한 이런 교육을 받은 사람은 그렇지 않은 사람에 비해 훨씬 더 수월하게 타인을 도와줄 수 있다.

누군가가 지켜보고 있을 때 더 바람직한 방향으로 행동하거나 적극적으로 행동하는 것을 '감시자 효과Observer effect'라고 한다. 이는 방관자 효과와 반대되는 개념으로 대개 정치가들이 이 유형에 속한다.

024

밴드왜건 효과

Band wagon effect

대중적으로 유행하는 정보를 따라 상품을 구매하는 현상이다. 유행에 동조함으로써 타인과의 관계에서 소외되지 않으려는 심리에서 비롯된다.

관련용어 스놉 효과

곡예단이나 퍼레이드의 맨 앞에서 사람들의 관심을 모으는 악대차樂
隊車를 영어 단어로 '밴드왜건bandwagan'이라고 한다. 밴드왜건은 악단을
선도하며 요란한 연주로 사람들을 끌어모은다. 밴드왜건을 우르르 쫓
아가는 사람들의 모습에서 밴드왜건 효과가 유래한다.

특히 선거를 앞두고 실시하는 사전 여론 조사나 유세 운동에서 우세
하다고 가늠되는 후보 쪽으로 유권자들의 표가 쏠리는 현상을 표현할
때 쓰인다.

심리학에서 우르르 쫓아가는 동조conformity 현상은 집단 압력의 존재,
권위에 대한 복종, 책임감의 분산, 군중심리와 같은 여러 가지 이유로
발생할 수 있다. 하지만 밴드왜건 효과에서 보이는 동조 현상은 소외,
고립, 뒤처짐에 대한 불안과 관련이 있다. 특히 한국과 같이 '우리'라는
인식과 공감대 형성을 강조하는 집단주의 문화에서 더 크게 작용할 수
있다.

밴드왜건 효과는 경제 분야에서 주로 사용하는 용어로, 유행에 따라
상품을 구매하며 소비하는 현상을 말한다. 그렇기 때문에 소비자의 구
매를 부추기는 광고와 마케팅 사례들을 밴드왜건 효과로 볼 수 있다.

홈쇼핑 물건은 언제나 매진 임박이다. "이번 시즌 마지막 세일", "오
늘 방송만을 위한 한정 구성" 등의 표현으로 시청자의 충동구매를 부
추긴다.

레인부츠로 거듭난 고무장화는 색깔과 디자인을 다양하게 만들고 이
름마저 영어로 바꾸자 비싼 가격에도 불구하고 장마철에 꼭 필요한 패
션 아이템으로 거듭났다.

'허니버터칩'을 시작으로 허니 관련 식품들이 큰 사랑을 받았다. 제
품 후기가 SNS 상에서 화제가 되면서 밴드왜건 효과를 누렸다.

유행을 좇기보다는 명품처럼 희소성 있는 제품 구입을 선호하는 것을 '스놉 효과Snob effect'라고 한다. 이 효과는 밴드왜건 효과와 반대 개념으로 일반적으로는 의사 결정에서 남들과 다른 자기만의 독특성을 추구하는 것을 의미하기도 한다.

025

번아웃 증후군

Burnout syndrome

의욕적으로 일에 몰두하던 사람이 극도로 신체와 정신의 피로감을 호소하며 무기력해지는 현상이다. 포부가 지나치게 크고 전력을 다하는 성격의 사람에게서 주로 나타난다.

뉴욕의 정신분석가 프로이덴버거Herbert Freudenberger가 〈상담가들의 소진Burnout of Staffs〉이라는 논문에서 약물 중독자들을 상담하는 전문가들의 무기력함을 설명하기 위해 '소진'이라는 용어를 사용한 것에서 유래한다.

번아웃 증후군은 다 불타서 없어진다burn out고 해서 소진消盡 증후군, 연소燃燒 증후군, 탈진脫盡 증후군이라고도 한다.

번아웃 경고 증상에는 다음과 같은 내용이 있다.

- 기력이 없고 쇠약해진 느낌이 든다.
- 쉽게 짜증이 나고 분노가 솟구친다.
- 하는 일이 부질없어 보이다가도 갑자기 열성적으로 업무에 충실한 모순적인 상태가 지속되다가 갑자기 급속도로 무너져 내린다.
- 만성적으로 감기, 요통, 두통과 같은 질환에 시달린다.
- 감정의 소진이 심해 '우울하다'고 표현하기도 힘들 정도의 에너지 고갈 상태를 보인다.

긴 노동 시간에 비해 짧은 휴식 시간, 강도 높은 노동 같은 사회적 요인도 번아웃 증후군을 부추길 수 있다. 번아웃 증후군에서 벗어나기 위해서는 다음과 같은 노력이 필요하다.

- 혼자 고민하지 말고 지인이나 배우자 혹은 멘토 역할을 하는 사람에게 상담을 한다.
- 되도록 정해진 업무 시간 내에 일을 해결하고, 퇴근 후에는 집으로 일을 가져가지 않는다.

▪ 운동, 취미 생활 등 능동적인 휴식 시간을 갖는다.

026

베르니케 실어증

Wernicke's aphasia

정상인처럼 유창하게 말하고 문법에 맞게 말하는 것 같지만 실제로는 의미 없는
내용을 나열하며 다른 사람의 말을 잘 이해하지 못하는 증상이다.

관련용어 브로카 실어증

뇌의 좌반구 측두엽 및 후두엽 근처에 위치하는 베르니케 영역이 손상을 입어 생기는 실어증으로, '감각성 실어증'이라고도 한다.

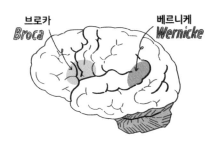

뇌의 브로카 영역(왼쪽)과 베르니케 영역(오른쪽)

독일의 의학자 카를 베르니케Carl Wernicke는 1874년 대뇌 좌반구 뇌의 뒷부분에 위치하는 베르니케 영역을 발견했다.

이 영역은 브로카 영역과 신경 섬유 다발로 연결되어 있는데, 언어를 이해하고 파악하는 역할을 담당한다. 베르니케 영역을 거쳐 해석된 신호가 브로카 영역으로 전달되어 실제 언어로 구사되는 것이다.

카를 베르니케

따라서 언어 중추의 뒤쪽인 감각언어 중추가 손상되면 단어들이 조절되지 않은 채 쏟아져 나와 문장을 만들 수 없다. 말을 할 수는 있어도 의미 없는 단어들만 나열하고, 이해할 수 없는 발음을 할 때도 있다.

베르니케 실어증의 특징은 다음과 같다.

▪ 발음과 억양이 비교적 유창하고 정상적이나 말의 의미나 목적이 불분

하다.

▪ 말소리가 정확하지 않거나 혀짤배기소리를 내는 것 같은 조음 장애가 거의 없고, 문법 사용도 비교적 규칙적이다.

▪ 자신이 의도한 말과 전혀 다른 말을 하고도 그 사실을 알아차리지 못하는 등 착어증(말 이상증) 증세가 심하며, 신조어도 많이 사용한다.

▪ 다른 사람의 말을 알아들었다는 표정을 짓지만 실제로는 알아듣지 못한다.

베르니케 증후군을 앓는 환자는 다른 사람의 말을 알아듣는 청각 이해력에 곤란을 겪는다. 청각적으로 입력된 정보를 분석하는 역할을 하는 베르니케 영역이 손상되어 다른 사람의 말을 이해하지 못하고 조리 없는 말을 한다. 단어와 그림 짝짓기, 큰 소리로 단어 읽기, 제시된 그림을 보고 단어 따라 말하기, 단어를 듣고 그림 고르기 등 꾸준한 훈련으로 의도한 대로 말할 수 있도록 돕는 치료가 필요하다.

베르니케 실어증과 비교되는 브로카 실어증Broca's aphasia은 뇌의 좌반구 하측 전두엽에 존재하는 브로카 영역의 이상으로 생긴다. 상대방의 말은 이해하지만 표현하는 데 곤란을 겪는다. 비문법적인 문장이나

생략된 문장을 사용하여 의사소통하는 경우를 말하며, '운동성 실어증'이라고도 한다.

브로카 실어증 환자는 자신의 문제점을 인지한다. 반대로 베르니케 실어증 환자는 자신의 문제점을 인지하지 못한다. 청각피질과 시각피질에서 전달된 언어 정보를 해석하는 일을 담당하는 베르니케 영역이 손상되면 자신이 무슨 말을 하고 있는지조차 잘 모르기 때문이다.

베르니케 실어증
감각성 실어증
말이 유창함
자신의 문제점
인지 못함

브로카 실어증
운동성 실어증
말하기 어려움
자신의 문제점
인지함

027

베르테르 효과

Werther effect

유명인이나 평소 존경하고 선망하던 인물이 자살할 경우, 그 인물과 자신을 동일시해서 자살을 시도하는 현상을 말한다. 모방 자살copycat suicide, 자살 전염suicide contagion이라고도 한다.

관련용어 파파게노 효과

『젊은 베르테르의 슬픔Die Leiden des jungen Werthers』은 독일의 문학가 괴테Johann Volfgang von Goethe가 1774년에 간행한 소설이다. 괴테는 자신의 실연 체험을 바탕으로 오늘날까지 사랑받는 불멸의 고전을 남겼다.

괴테의 초상화

『젊은 베르테르의 슬픔』 초판
ⓒ Foto H.-P.Haack.

소설의 주인공 베르테르는 약혼자가 있는 로테라는 여인을 사랑하지만, 그녀가 자신의 사랑을 받아들이지 않자 깊은 실의에 빠진다. 결국 베르테르는 로테와의 추억이 깃든 옷을 입고 권총 자살을 한다. 유럽의 청년들 사이에 베르테르 열풍이 불었다. 청년들은 소설에 묘사된 베르테르의 옷차림을 따라했고, 베르테르의 고뇌에 공감했다. 심지어 베르테르를 모방한 자살 시도까지 하게 되었다.

미국의 자살 연구학자 필립스David Philips는 유명인의 자살 사건이 보도된 이후 일반인의 자살이 급증하는 패턴을 발견하고, '베르테르 효과'라는 이름을 붙였다. 유명인이 자살하면 이 사실이 언론에 반복적으로 노

로테와 베르테르

출된다. 자살한 유명인이 자신과 비슷한 어려움에 처해 있는 경우, 심리적으로 더 크게 영향을 받을 수 있다.

평소에 우울증 증세를 보이지 않던 사람도 언론 보도에 자극을 받아 자살을 시도할 수 있다. 자살한 유명인과 같은 방법으로 자살을 시도하거나, 자살을 위해 같은 장소를 찾기도 한다.

일례로 록스타 엘비스 프레슬리가 죽은 후 그를 추모하는 자살 행렬이 이어졌다. 또한 영화배우 장국영이 투신자살하자, 그가 몸을 던진 홍콩의 만다린 오리엔탈 호텔에서 자살하는 일반인도 있었다.

반면에 자살에 대한 언론 보도를 자제함으로써 자살을 예방할 수 있는 효과는 '파파게노 효과Papageno effect'다. 이 효과는 베르테르 효과와 반대되는 개념으로 모차르트의 오페라 〈마술피리〉의 캐릭터 파파게노가 요정의 도움을 받아 자살 충동을 극복한 일화에서 유래한다.

028

베블런 효과

Veblen effect

가격이 오르고 있음에도 불구하고 특정 계층의 허영심이나 과시욕으로 수요가 줄어들지 않고 오히려 증가하는 현상이다.

관련용어 밴드왜건 효과, 스놉 효과, 파노플리 효과

고전 경제학에서는 수요와 가격은 반비례
관계에 있다고 가르쳐 왔다. 그러나 미국의 사
회·경제학자 베블렌Thorstein Bunde Veblen은
1899년 그의 저서 『유한계급론The Theory of the
Leisure Class』에서 가격이 오르는 물건의 수요
가 높아질수도 있다고 주장했다.

소스타인 베블런

이는 주로 충분한 부富를 가진 상류층 소비
자에게서 나타난다. 그들은 주위의 시선을 의
식하거나 자신의 사회적 지위와 부를 과시하기 위해서 값비싼 물건을
소비한다는 것이다. 과시적 소비이기 때문에 가격이 싼 상품은 사지 않
는다. 주로 상류층 소비자의 소비 행태를 말한다는 점에서 상류층이
되기를 선망하는 사람들의 소비 행태를 말하는 파노플리 효과Panoplie
effect와 미묘한 차이가 있다.

베블렌 효과
상류층 소비자의
소비 행태

파노플리 효과
상류층을 선망하는
소비자의 소비 행태

모든 물건을 명품만 고집하는 명품족과 최상류층 소비자들을 겨냥한
VIP 마케팅은 상류층의 과시욕을 기반으로 한 베블렌 효과로 설명할
수 있다. 이로 인한 과소비는 현대 사회에 있어 중요한 문제로 대두되
고 있으며 서민들의 상대적 박탈감 같은 사회문제로까지 이어진다.

베블렌 효과는 비싼 물건에 대한 근거 없는 신뢰와 비싼 물건을 소비

할 능력이 있다는 것을 타인에게 과시하고 싶은 욕구가 반영된 것으로 볼 수 있다. 상류층의 과시적 소비 행태와 관련되어 있지만, 베블렌 효과는 타인의 눈에 '없어 보이는' 것을 싫어하는 심리, 즉 열등감에 대한 반작용으로 과시하는 행태를 보이는 사람들도 있다.

소비 행태에 따른 다양한 심리에는 앞에서 살펴본 베블렌 효과와 파노플리 효과 외에도 스놉 효과와 밴드왜건 효과가 있다. 스놉 효과Snob effect는 다른 사람이 구매한 물건이나 유행하는 재화에 대한 수요가 떨어지는 효과를 말하며, '속물 효과'라고도 불린다. 이것은 남과 다르다는 점을 과시하기 위한 소비 형태이며, 타인의 시선에 의해 소비가 좌우된다는 점은 베블렌 효과와 유사하다. 밴드왜건 효과는 스놉 효과의

스놉 효과
속물 효과

유행하는 재화의
수요가 낮아짐

밴드왜건 효과
편승 효과

유행하는 재화의
수요가 높아짐

반대말이다. 유행으로 인해 어떤 물건에 대한 수요가 높아지면 그에 따라 소비가 높아지는 효과로 '편승 효과'라고도 한다.

029

벽에 붙은 파리 효과

Fly-on-the-wall effect

어떤 일에 실패하거나 좌절했을 때 제3자의 입장으로 자신의 상황을 객관적으로 바라보면 긍정적인 결과가 나타나는 현상이다.

나에게는 힘들고 서러운 아픔이지만 제3자에게는 본인의 아픔이 아니기 때문에 객관적이고 초연한 입장에서 바라볼 수 있기 때문이다.

미국 버클리 대학의 심리학자인 오스넴 에이덕Ozlem Ayduk과 미시간 대학의 이선 크로스Ethan Kross가 벽에 붙은 파리를 예로 들며 설명한 것에서 유래한다. 에이덕과 크로스는 피험자들에게 두 가지 다른 관점으로 과거의 실패를 재경험하게 하고, 이들이 어떤 감정적 반응을 나타내는지 조사했다. 먼저 1인칭 시점에서 자신의 실패를 떠올리게 한 경우 피험자들은 혈압과 심장 박동 수가 높아지고 예전과 똑같이 불쾌함을 느끼는 것으로 나타났다. 반면, 객관적인 3인칭 시점에서 자신의 실패를 바라보도록 한 피험자들은 불쾌함과 같은 생리적 변화를 보이지 않았을 뿐 아니라 오히려 과거의 실패 경험에 대해 좀 더 긍정적인 해석을 하려는 경향을 보였다.

원래 '벽에 붙은 파리a fly on the wall'의 뜻은 '몰래 타인을 관찰하는 사람'이다. 과거의 나는 '내면 자아'이고 울거나 화를 내며 고통스러워하는 나는 '현실 자아'이다. 그리고 이 두 자아가 만나는 모습을 바라보는 또 다른 나는 '객관적 자아'이다. 제3자의 입장에서 스스로를 '그대로' 바라보면 오히려 과거의 감정이나 슬픔에서 벗어날 수 있게 된다. 이러한 객관화 기법은 우울증이나 외상후 스트레스장애PTSD 환자에 대한 심리치료에도 사용된다.

부부 심리치료를 할 때도 아내와 남편 모두 분노를 객관화시키는 것이

중요하다. 상대방에게 화가 나면 머리가 아프고 얼굴이 빨개지는 등 신체적으로도 반응이 올 뿐만 아니라 언성도 높아져 자기도 모르게 상처가 되는 말을 쏟아 낼 수가 있다. 순간적인 감정에 휘둘리

거나 자신의 입장에만 몰입하면 대화를 진행할 수 없다. 상대방과 관계를 길게 지속해야 한다는 점을 명심하고 부부로서 맺었던 첫 약속을 기억해야 한다. 따라서 자신의 감정을 글로 써 보거나 배우자와 함께 '역할 바꾸기'를 시행해 본다면 아픔을 외면화하고 극복할 수 있다.

시험에서 커닝(부정행위)을 하는 것은 정직함, 자부심, 명예 등을 스스로 깨뜨리는 잘못된 행위다. 이러한 가치들을 깨뜨리는 자신을 '객관적'으로 바라보면 커닝의 유혹을 이겨 내는 데 도움이 된다.

세상에서 자신이 가장 슬프다고 느낄 때, 큰 실수를 해서 괴로울 때 등 여러 가지 괴로운 상황에서 '벽에 붙은 파리'가 되어 보자. 별것 아닌 일에 왜 그렇게까지 힘들어했는지 자신을 되돌아볼 수 있는 계기가 될 것이다.

030

보보인형 실험

Bobo doll experiment

인간은 직접적인 경험과 보상을 통해서만 배우는 것이 아니라 다른 사람의 행동과 그 결과를 관찰하는 것만으로도 모방 학습이 가능하다는 것을 증명한 실험이다.

보보인형 실험을 관찰 학습observational learning이라고 한다. 관찰 학습
은 예를 들어 교사가 한 학생에게 모범 행동을 보상해 줌으로써 그 모
습을 관찰한 다른 학생들이 바람직한 행동을 하게 하는 학습이다.

미국 스탠퍼드 대학 심리학과 교수 앨버트 반두라Albert Bandura가
1961년에 행한 보보인형 실험에서 유래한다. 반두라는 아동이 '모방'을
통해 많은 것을 학습한다고 보고, 3~6세의 미취학 아동을 대상으로 실
험을 설계했다.

보보인형 실험의 첫 번째 버전

① 아이들이 한 사람씩 실험실 안에 들어간다.

② 실험실 안에는 어른(연구원) 한 명이 기다리고 있다. 아이는 아이가 노
는 구역에서, 어른은 어른이 노는 구역에서 각자 장난감을 가지고 놀
이를 한다.

③ 실험실의 아이의 구역에는 없고, 어른의 구역에만 보보인형이 있다.
보보인형은 아래에 무게추가 달린 풍선 인형으로, 아무리 넘어뜨려도
오뚝이처럼 다시 일어난다. 아이들에게 어른이 장난감 망치로 보보인
형을 신나게 때리는 것을 10분간 지켜보게 한다.

④ 보보인형을 때리는
어른과 10분 동안
지켜본 아이들은 다
른 장소에서 장난감
망치와 보보인형이
주어지자 그 어른과
똑같이 인형을 때리

기 시작했다. 특히 어른과 같은 동성(同性)일 때 공격적인 행동이 더 두드러지게 나타났다. 즉 아동은 동성인 어른의 행동을 더 쉽게 모방한다.

보보인형 실험의 두 번째 버전

1965년 보보인형 실험의 두 번째 버전은 아이들이 보보인형을 때리는 어른을 직접 관찰하는 것이 아니라 영상으로 접하게 한 것이다. 이 영상은 모두 세 가지로, 각각 결말이 다르다.

① 보보인형을 때린 어른이 칭찬을 받고 선물을 받는 결말을 본 아이들이 가장 공격적인 모습을 보였다.
② 보보인형을 때린 어른이 혼나고 처벌받는 모습을 본 아이들이 가장 덜 공격적인 모습을 보였다.
③ 어른이 보보인형을 때린 것에 대해서 보상도, 처벌도 받지 않는 것을 본 아이들의 공격성은 중간 정도의 모습을 보였다.

이 실험은 어른의 공격적인 행동을 아이들이 학습했지만 그 행동에 대해 상을 받느냐, 처벌받느냐, 중립적인 태도를 보이느냐에 따라 다른 반응을 나타낼 수 있음을 보여 주었다. 이는 다른 사람의 행동과 그 결과를 관찰한 것만으로도 아동이 영향을 받는다는 것을 시사한다.

보보인형 실험은 TV나 영화, 인터넷 등에 등장한 폭력적인 장면이 아동에게 잠재적 영향을 미칠 수 있는 증거로 자주 인용된다. 그러나 이 실험은 몇 가지 비판을 받기도 한다. 예를 들어, 보보인형은 본래 펀치

용으로 개발된 장난감으로 이 인형을 잘 가지고 노는 방법은 때려눕히는 방법밖에 없다는 것이다. 실험실의 아이들은 단순히 인형을 가지고 놀기 위해 보보인형을 때렸을 수도 있다. 그러나 즐겁게 웃고 떠들며 놀이하듯 인형을 때린 것을 두고 실제 상황에서 일반화하기엔 타당성이 많이 부족하다는 지적이다.

페시바스Feshbach와 싱어Singer의 1971년 실험에서는 오히려 폭력적인 드라마를 본 아동들이 감정적 정화감catharsis을 경험함으로써 비폭력적인 드라마를 본 아동보다 덜 폭력적이었다는 반대 결과도 있었다.

그러나 심리학자 로웰 후스만Rowell Huesmann이 시행한 일련의 종단연구 결과, 아동기에 폭력적인 장면에 많이 노출된 사람은 성인기가 되어서도 폭력적인 행동을 보일 가능성이 높다는 것이 밝혀져 반두라의 관찰 학습 이론이 힘을 얻고 있다.

031

보이지 않는 고릴라

Invisible gorilla

한 가지에 집중하면 명백히 존재하는 다른 것을 보지 못하는 현상을 말한다.

보이지 않는 고릴라는 1999년 미국의 심리학자 대니엘 사이먼스 Daniel Simons와 크리스토퍼 차브리스Christopher Chabris의 실험에서 유래한다. 사이먼스와 차브리스는 학생들을 각각 세 명씩 나누어 한 팀은 흰 옷, 다른 팀은 검은 옷을 입게 했다. 그리고 이들이 서로 농구공을 패스하는 장면을 동영상으로 찍어 피험자들에게 보여 주었다.

피험자들에게 검은 옷 팀은 무시하고 흰옷을 입은 팀이 패스한 수를 세게 했다. 그리고 영상이 끝난 후 물었다. "혹시 선수들이 아닌 다른 누군가를 보았습니까?"

사실 이 영상에는 고릴라 옷을 입은 학생이 가슴을 두드린 후 퇴장하는 모습이 담겨 있었다. 그러나 흰 옷 팀의 패스에 집중한 나머지, 피험자들의 절반 정도가 고릴라를 보지 못했다.

영화나 드라마의 옥의 티도 보이지 않는 고릴라 현상이다. 말론 브란도Marlon Brando와 알 파치노Al Pacino가 출연한 영화 〈대부The Godfather〉에서는 극중 등장인물 소니의 차가 총알을 맞아 벌집처럼 뚫려 있었는데, 다음 장면에서는 멀쩡한 차로 바뀌어 있었다. 그러나 관객들은 이 '옥의 티'를 거의 알아차리지 못했다.

차량끼리 접촉사고가 났을 때 서로 상대방 차가 끼어드는 것을 못 봤다고 우기는 상황이 종종 벌어진다. 한쪽이 거짓말할 수도 있고 양쪽 모두 거짓말을 할 가능성도 배제할 수는 없지만, 양쪽 모두 뭔가를 골똘히 생각하고 있었거나 차선의 배치상 다른 차가 끼어들 수 있을 거라고 예상하지 못하고 있었다면 실제로 상대 차량을 알아차리지 못했을 수도 있다. 운전 중에 휴대폰 사용과 DMB 시청을 금지하는 것도 이러한 이유 때문이다.

이렇게 눈이 특정 사물을 향하지만 다른 것을 신경쓰느라 대상을 지각하지 못하는 것을 '무주의 맹시inattentional blindness' 혹은 '주의력 착각'이라고 한다.

032

부메랑 효과

Boomerang effect

어떤 행위가 행위자의 의도와는 달리 좋지 않은 결과로 되돌아오는 현상이다.

　호주의 원주민 아보리진Aborigine은 유럽인들이 이주하기 전 호주에 거주했던 원주민을 가리킨다. 그들은 사냥을 하거나 다른 부족과 전투를 벌일 때 부메랑Boomerang으로 목표물을 공격했다. 그런데 부메랑이 목표물에 맞지 않고 되돌아오면 오히려 자신이 공격받을 수 있었다. 이러한 상황과 같이, 의도를 벗어나 오히려 위협적인 결과로 다가오는 상황을 '부메랑 효과'라고 한다.

　사회심리학자 웨슬리 슐츠Wesely Schultz는 미국 캘리포니아의 한 지역 가구들의 전력 소비량을 측정한 후 각 가정에 자료를 배포했다. 자료에는 해당 가정의 전력 소비량과 이웃들의 평균 소비량, 전력을 줄이는 팁 등이 적혀 있었다.

　3주 후 소비량을 측정해 보니 평균보다 소비량이 높았던 가구는 전력을 절약했고, 평균보다 소비량이 낮았던 가구들은 오히려 전력을 더 소비한 것으로 드러났다. 전체 가구의 평균 소비량을 낮추려 한 본래 의도와는 다르게, 소비량이 낮은 가구들에게 전력을 더 써도 된다는 정보를 안겨 준 꼴이 된 것이다.

무분별한 자연 개발로 인한 환경 파괴가 인간에게 자연재해로 되돌아오는 현상, 선진국의 원조로 개발도상국에서 만들어진 제품이 역수출되어 선진국의 제품과 경쟁하는 현상 등은 넓은 의미의 부메랑 효과라고 할 수 있다.

또한 부모가 자식에게 특정 행동을 강요하면 오히려 자식이 반감을 가지고 그 행동을 일부러 하지 않게 되는 일도 부메랑 효과의 한 예다.

심리학 용어 중에서 '저항의 심리학Psychology of registance, Sensenig & Brehm'이라는 것이 있다. 이는 한 사람이 강요를 통해 다른 사람의 자유를 제한하면 할수록 강요하는 사람이 원하는 방향으로 동조하지 않으려는 부메랑 효과가 발생한다는 것을 의미한다.

033

브로카 실어증

Broca's aphasia

동작 표현이 가능하고 무슨 말을 해야 할지는 알지만 문법을 사용하여 말하는 데 어려움을 겪는 증상이다.

관련용어 베르니케 실어증

뇌의 좌반구 하측 전두엽에 존재하는 브로카 영역(언어 관련 기능)이 손상되거나 질병에 걸려 일어나는 실어증을 말한다.

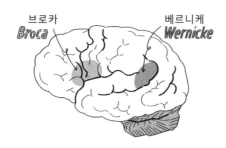

1865년 프랑스의 외과 의사이자 신경해부학자 폴 브로카Paul Pierre Broca는 레보른M. Leborgne이라는 환자의 사례를 보고했다. 레보른은 약 20년간 간질을 앓으면서 뇌 손상을 입고, 오른쪽 신체를 사용하지 못하며, 말하기에 어려움을 겪었다.

레보른은 "TAN, TAN, TAN, TAN……."이라는 말만 반복해서 이름 대신 'TAN'이라고도 불렸다.

폴 브로카

그는 TAN밖에 말하지 못했지만 이 단어를 여러 의미로 사용했다. 그의 언어 이해 능력은 정상 수준이었다. 후에 브로카는 레보른을 비롯해 언어 구사에 문제가 있는 여러 환자의 뇌를 부검하여 '브로카 영역'을 발견했다. 브로카는 실어증이 뇌의 특정 부분의 손상에 기인한다는 것을 처음으로 제안한 사람이었다. 브로카 실어증에 걸린 사람은 동작 표현은 가능하지만 문법을 사용해 말하는 데 어려움을 겪는다.

브로카 실어증의 특징은 조사, 접속사 등 문법적 기능을 가진 기능어

function words 말하기를 어려워하고, 명사, 동사, 형용사, 부사 같은 내용어content words는 간신히 구사한다. 사물이나 대상의 이름을 대지 못하는 명칭 실어증을 보이기 때문에 문장을 이야기할 때 부적절한 단어를 사용하거나 아예 말을 빼먹기도 한다. 힘들게 말을 하고 중간에서 멈추는 일도 잦다. 말소리가 정확하지 않거나 혀 짧은 소리를 내는 등 조음장애가 있다. 글을 쓰는 능력도 손상되는 경우가 있으나 언어를 들어서 이해하는 능력은 비교적 양호한 편이다.

뇌 손상을 입어 발생한 실어증은 손상의 정도가 경미할수록, 나이가 어릴수록, 언어 치료를 빨리 시작할수록 예후가 좋다. 일반적으로 완치를 기대하기는 어렵고 장기간에 걸쳐 꾸준히 치료를 받아야 한다. 먼저 실어증을 유발한 질환을 정확히 파악하고, 이에 따라 장기간 재활 치료를 해야 한다. 언어 재활 치료를 병행할 시에는 눈짓이나 몸짓, 글, 그림 등 표현 능력을 향상시키는 훈련을 통해 증상을 호전시킨다.

034

블랭킷 증후군

Blanket syndrome

담요블랭킷, Blanket와 같이 애착을 느끼는 물건이 옆에 없으면 마음이 불안해지고
계속 안절부절못하는 일종의 의존증이다.

담요를 바꿨더니,
괜히 불안해서 잠이 안 와.

〈피너츠Peanuts〉는 스누피와 그의 친구들의 이야기를 그린 어린이 만화다. 이 만화에 등장하는 라이너스는 항상 엄지손가락을 빨고 담요가 없으면 불안해한다. 동생 리런이 형 라이너스를 쏙 빼닮았는데 형제를 구분하는 가장 좋은 방법은 '누가 담요를 들고 있는가'이다. 담요를 들고 있는 아이가 바로 형 라이너스이기 때문이다. 그만큼 담요는 라이너스에게 중요한 물건이다. 이런 라이너스의 행동을 지칭해서 '라이너스 증후군'으로도 부른다.

블랭킷 증후군은 일반적으로 아이들이 많이 겪는데 아이들은 엄마와 같은 애착 대상에게서 떨어지면 불안함을 느끼기 때문에 담요나 인형처럼 포근한 물건을 통해 심리적 안정감을 얻으려고 한다. 애착을 느끼는 물건은 담요, 이불, 인형, 옷 등 다양하다. 대개는 성장하면서 그 정도가 완화된다.

애착물에 대한 집착은 대부분 만 3세 무렵이면 자연스럽게 사라지지만 간혹 만 4~5세까지 지속되는 경우도 있다. 만 5세 이후에도 이러한 증상을 앓는 아이는 자기 물건을 빼앗긴다는 생각 때문에 유치원이나 학교 등교를 거부할 수도 있어 유의해야 한다. 특히 아이가 집에

없는 틈을 타서 애착물을 몰래 버리거나 무작정 아이를 혼내는 행동은 위험하다. 갑자기 집착의 대상을 잃어버리게 되면 아이는 극심한 스트레스에 시달리고, 분리 불안 장애Separation anxiety disorder로 이어질 수 있다. 이럴 때일수록 부모는 항상 아이의 곁에서 부모가 함께 있음을 알려 줘야 한다.

하나의 사물에 지나치게 의존하는 성향은 어른이 되어서도 계속될 수 있다. 스마트폰이 그 예다. 특히 스마트폰에 대한 의존은 SNS에 대한 의존으로도 이어진다. 애착의 대상이 단순히 '물건'이 아니라 '인간관계에 대한 집착'으로 변질될 수 있는 것이다. 삶의 의미를 다른 사람의 관심으로 보상받으려고 하는 것은 애정 결핍의 전형적인 모습이다. 여기에 집착하는 사람들은 끊임없이 SNS의 메시지를 읽고 타인의 관심에 목말라하는데, 이 과정에서 극심한 스트레스를 받을 수 있다. SNS 중독이 심해지면 의존적 성격장애로도 이어질 수 있다.

035

빈 둥지 증후군

Empty nest syndrome

자녀가 대학교에 진학하거나 취직, 결혼 등으로 독립하게 되었을 때 부모가 느끼는 상실감과 외로움을 말한다.

빈 둥지 증후군은 주로 양육자의 역할을 맡는 중년의 여성에게 두드러지게 나타난다. 유사한 용어로 '공소증후군空巢症候群'이 있다. 이는 중년의 가정주부들이, 남편과 자식이 자신의 곁을 떠났다고 느끼고 정체감의 상실과 공허함을 느끼는 경우를 말한다. 결혼 생활이 만족스럽지 않았거나, 부모로서의 역할에 과도하게 몰입해 왔거나, 변화 자체를 수용하는 데 어려움을 느끼는 성격일수록 빈 둥지 증후군을 경험할 가능성이 높다.

빈 둥지 증후군은 폐경기를 전후로 호르몬 변화를 겪는 중년의 여성에게 두드러지게 나타나기 때문에 '폐경기 증후군'이라고도 한다.

증후군 자체가 질병은 아니지만 오래 지속된다면 심한 우울증으로 발전할 수 있다. 세계보건기구WHO는 빈 둥지 증후군으로 인한 우울증이 2020년에 이르러 인류를 괴롭힐 세계 2위의 질병이 될 것이라고 예측했다. 빈 둥지 증후군은 한국 사회만의 문제가 아니라 전 세계적인 현상이다. 가족 구성 체제가 변화하여 핵가족 중심 사회가 됨에 따라, 외동인 자식이 집을 떠나가면 남겨진 부모들은 정서적으로 외로움과 상실감을 더 심하게 느끼게 된다. 자녀에 대한 기대치와 교육열이 높은 우리나라의 경우에는 더욱 빈번하게 발생할 수 있어 주의가 필요하다.

빈 둥지 증후군의 극복 방법에는 부모들이 자녀들의 홀로서기를 기쁜 마음으로 받아들이는 자세가 필요하다. 자식의 빈자리를 대신해 자신이 할 일이나 여가 활동을 찾는 것이 중요하다. 중년 여성의 경우 누군가의 부인, 누군가의 엄마라는 타이틀을 잠시 내려놓고 '제2의 인생'을 찾는 전환점으로 삼아야 할 중요한 시기다. 봉사 활동처럼 남에게 베푸는 일도 좋다. 이를 통해 삶의 보람을 느끼면서 우울증을 극복할 수 있는 힘도 얻을 수 있다. 부모는 자식이 독립하면 자신의 역할을 다했다고 생각하게 된다. 소일거리를 찾거나 건강을 위해 운동을 열심히 하는 것도 빈 둥지 증후군을 극복하는 데 도움이 된다. 빈 둥지 증후군을 극복할 때 매우 중요한 요인은 자녀들과 연락하면서 지내는 것이다. 따라서 자식들은 주기적으로 부모에게 전화나 문자를 통해 연락을 취하고 지속적인 지지를 보내는 것이 바람직하다.

036

사랑의 삼각형 이론

Triangular theory of love

사랑의 구성 요소와 다양한 형태를 삼각형 모양으로 설명한 이론이다.

사랑의 3요소는 친밀감intimacy, 열정passion, 헌신committment이다. 친밀
감은 사랑의 정서적 측면이나 따뜻한 측면, 열정은 사랑의 동기적 측면
이나 뜨거운 측면 그리고 헌신은 사랑의 선택적 측면이나 행동적 측면
을 대변한다.

미국의 심리학자 로버트 스턴버그Robert Sternberg는 다양한 사랑의 형
태를 삼각형의 모양과 크기로 구분할 수 있다고 주장한다. 삼각형의 세
꼭짓점을 이루는 친밀감, 열정, 헌신을 모두 충족하면 사랑의 형태는
정삼각형에 가까워진다. 정삼각형에 가까울수록 이상적인 사랑이며,
삼각형의 면적이 넓을수록, 3요소가 균형을 이룰수록 사랑의 크기가
크다는 것을 의미한다. 연인 각자가 작성한 삼각형의 모양과 넓이를 비
교함으로써 서로에 대한 친밀감, 열정, 헌신의 정도를 측정할 수 있다.

균형적인 사랑을 표현한 정삼각형

사랑의 형태에 따라 삼각형의 모양은 서로 다르다. 일반적으로 친밀
감은 서로에 대한 믿음이나 유대감을, 열정은 성적性的 욕망을, 헌신은
사랑을 지속하려는 의지를 나타낸다.

우애적 사랑 companionate love

친밀감이 높고 헌신이 강한 중년 부부의 사랑이다. 부부 관계를 지속하면 서로에 대한 성적 욕망은 줄어들지만, 부부로서 서로를 잘 이해하게 되고 가정을 유지하기 위해 힘쓴다.

낭만적 사랑 romantic love

친밀감이 높고 열정이 강한 사랑이다. 서로에게 성적 매력을 느끼고 믿음이 있지만 사랑을 지속하려는 의지는 부족한 상태다. 사랑을 지속하려는 의지가 강해지면 결혼을 하는 경우가 많다.

짝사랑infatuation

열정만 강하고 친밀감이나 헌신은 약한 도취성 사랑이다. 상대에게 강한 성적 매력을 느끼시만 헌신이나 친밀감을 형성할 기회가 없어 혼자 가슴앓이를 하는 경우가 많고 금방 끝나게 되는 가벼운 사랑이다.

사랑의 삼각형에서 어느 한 요소가 지나치게 크면 불균형적인 사랑이 되고, 그러면 3요소가 균형 잡힌 정삼각형보다 면적도 좁아진다.

불균형적인 사랑을 표현한 삼각형

이외에도 친밀감만 강한 경우는 '우정linking', 사랑 없이 결혼을 유지하는 헌신만 강한 경우는 '공허한 사랑empty love', 만난 지 며칠 만에 약혼하는 할리우드식 사랑과 같은 열정과 헌신은 강하지만 친밀감이 없는 경우는 '허구적 사랑fatuous love'이라고 한다.

또한 사랑의 3요소가 모두 낮은 경우는 '비사랑non love', 사랑의 3요소를 모두 갖춘 이상적인 경우는 '완전한 사랑consummate love'이라고 한다.

스턴버그는 세상에 정삼각형으로 표현되는 완전한 사랑은 없지만 가능하면 사랑의 형태가 정삼각형으로 변화할 수 있도록 노력할 것을 제안하였다.

037

살리에리 증후군

Salieri syndrome

천재성을 지닌 주변의 뛰어난 인물 때문에 질투, 시기 및 열등감을 느끼는 증상
이다. 소위 2인자의 심리를 표현할 때 많이 쓰인다.

모차르트Mozart가 음악의 고장인 오스트리아의 빈에 진출했을 때 살
리에리Antonio Salieri는 이미 유명한 궁정 음악가이자 교육자였다. 그들
은 라이벌에서 좋은 친구가 되었고, 함께 〈오펠리아의 회복된 건강을
위하여〉라는 칸타타를 작곡하기도 했다. 그러나 모차르트가 죽고 살
리에리가 그를 독살했다는 소문이 돌기 시작했다. 러시아 작가 푸시킨
Aleksandr Sergeevich Pushkin이 쓴 희곡 『모차르트와 살리에리』로 이 소문
은 사실처럼 굳어졌다.

1984년 선보인 영화 〈아마데우스Amadeus〉에서도 살리에리는 천재
음악가이자 친구인 모차르트에게 극심한 열등감을 느낀다. 그리고 그
열등감을 이기지 못해 모차르트를 독살한다. 영화 흥행 후 '살리에리 증
후군'은 질투를 느끼는 2인자의 고통을 의미하는 말로 쓰이게 되었다.

살리에리   모차르트

일본의 다카하시 히데히코高橋 英彦 교수는 하나의 실험을 했다. 젊은
남녀 19명에게 시나리오를 주며 자신을 주인공으로 생각하게 했다. 시
나리오의 등장인물은 주인공 외 세 명이었으며, 이들은 모두 대학 동창
생이라는 설정이었다. 시나리오의 내용에서 세 명의 동창생들이 성공

할 때 주인공(피험자)의 불안과 고통은 커졌고, 세 명의 동창생들이 불행에 빠질 때 주인공(피험자)의 쾌감이 높아지는 것을 자기 공명 영상 장치로 측정했다. 이 실험은 사람들이 다른 사람의 불행에서 기쁨을 얻는 심리가 있다는 것을 알 수 있다.

이러한 심리를 표현한 '샤덴프로이데Schadenfreude'란 말이 있다. 독일어로 '고통과 기쁨'을 의미하는 단어를 합성한 것인데, 한마디로 말하면 질투다.

반면 불교 용어인 '무디타Mudita'는 다른 사람의 행복을 보고 기쁨을 느끼는 것을 말한다. 샤덴프로이데와 반대되는 개념이다.

038

상관관계

Correlation, 相關關係

일정한 수치로 계산되어 두 대상 사이에 서로 관련성이 있다고 추정되는 관계를 말한다.

상관 연구는 연구 대상 간의 상호 연관성을 알아보는 데 사용된다. 관계성의 정도는 상관계수correlation coefficient라는 수치로 표시된다. 상관계수가 양(+)의 값을 가질 때는 정적 상관, 음(-)의 값을 가질 때는 부적 상관이라고 하며, 상관계수가 0일 때는 대상 간에 아무 관련성이 없음을 의미한다. 상관계수의 가능한 점수 범위는 -1.0에서 +1.0 사이이다. 부호에 상관없이 숫자의 절댓값이 클수록 관련성이 더 크다.

상관계수	양(+)의 값	정적 상관
	음(-)의 값	부적 상관
	0	대상 간 관련성 없음

대학생의 자존감과 성적 간의 상관관계를 밝히기 위해 대학생 500명을 대상으로 성적을 조사하고 설문지를 통해 자존감 수준을 측정했다고 하자. 자존감과 성적 간의 상관을 계산했을 때 일반적으로 두 가지 유형이 나올 수 있다.

가령 자존감과 성적 간의 상관계수가 +0.75라면, 자존감과 성적이 서로 관련되는 정도가 0.75만큼 정적 (+)으로 강하게 관련됨을 의미한다. 즉 자존감이 높은 학생일수록 성적도 상당히 높을 수 있다. 물론 상관계수는 인과관계가 아니므로 성적이 높은 학생일수록 자존감도 매우 높

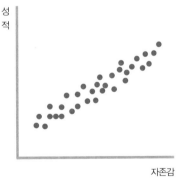

정적 상관관계

을 가능성이 있다고 해석할 수 있다.

만일 자존감과 성적 간의 상관계수가 -0.75라면 둘 사이의 관련성은 매우 높으나 그 방향성은 앞의 경우와는 달리 부적(-)이다. 즉 자존감이 낮은 학생일수록 성적이 낮을 가능성이 매우 높다. 혹은 성적이 낮은 학생일수록 자존감이 낮을 가능성이 매우 높다.

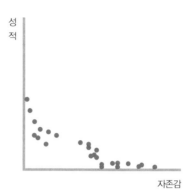

부적 상관관계

상관 연구 결과를 인과관계로 해석하면 상당한 오류를 범할 수 있다. 자존감과 성적의 상관관계 연구에 대한 결과가 '높은 성적을 받아서 자존감이 높아졌다'라는 식의 원인-결과 관계까지 내포하지는 않는다는 뜻이다. 따라서 성적이 높으면 자존감이 높아질 가능성뿐 아니라 자존감이 높은 사람이 성적도 높을 가능성이 상존한다.

키와 체중 간에는 일정한 정도의 상관관계가 있다. 키가 큰 사람이

체중이 더 나가는 경향이 있기 때문이다. 그런데 키가 크다고 반드시 체중도 많이 나가거나, 반대로 체중이 많이 나간다고 반드시 키도 큰 것은 아니다. 따라서 둘 사이에 인과관계가 있다고 말하기는 어렵다.

039

상호성의 법칙

Law of reciprocality

A가 B에게 호의를 베풀면, B도 A에게 호의를 베풀게 된다는 법칙이다.

한국과 같이 '정情'을 중요시하는 집단주의 문화일수록 상호성의 법칙이 많이 작용한다. 일례로 과도한 경조사비를 주고받는 관습을 꼽을 수 있다. 이는 다른 사람에게 받은 호의, 선물 등은 공짜가 아니며 언젠가 갚아야 할 빚이라는 점을 일깨운다. 반면 상호성의 법칙이 좋은 결과를 낳은 예로는 '상호적 친구 관계'를 들 수 있다. 서로가 동등한 위치에서 깊은 정서적 유대와 헌신을 공유하므로 그 관계는 오래 지속된다.

1985년 멕시코시티에서 지진이 일어나 1만 명 이상이 사망했다. 그해, 에티오피아는 수십만 명이 아사餓死할 정도로 경제적으로 어려웠지만, 멕시코시티에 5,000달러 상당의 구호금을 보내 세계를 놀라게 했다. 이 구호금은 1935년, 이탈리아가 에티오피아를 침공했을 때 도와준 멕시코에 대한 보답이었다.

1971년 심리학자 데니스 리건Dennis Regan은 상호성의 법칙에 대한 실험을 했다. 리건은 대학생들(피험자) 중 한 명에게 실험실 앞의 '공짜 콜라'를 권했다. 실험이 끝난 후 리건은 학생들에게 기숙사 자선모금을 위한 행운권 구입을 권유했다.

공짜 콜라를 마신 학생은 그렇지 않은 학생보다 행운권을 두 배 이상 구입했다. 즉 공짜 콜라를 받은 대신 나도 호의를 베풀어야 한다는 상호성의 법칙이 작용한 것이다.

상호성의 법칙은 상대방의 호의뿐 아니라 부정적인 행동으로부터 시작될 수도 있다. 일례로 상대방에게 인사를 했는데 답례가 돌아오지 않아서 오해를 하는 경우를 들 수 있다. 그런데 실제로는 상대방이 눈이 나빠서 인사하는 것을 못봤거나 인사할 시기를 놓쳤을 수도 있는데, '그가 나를 싫어한다'고 생각하고, '앞으로 그에게는 인사하지 않겠다'고 다짐하기도 한다. 타인에게 부정적인 인상을 받으면, 나 역시도 부정적인 인상을 주어도 괜찮다고 생각하는 경우가 있다. 이는 '상호성의 법칙'이 부정적으로 작용한 예다.

040

샐리의 법칙

Sally's law

우연히 좋은 일만 계속 생기고 설사 나쁜 일이 있더라도 오히려 전화위복이 되는 경우를 말한다.

관련용어 줄리의 법칙

예상하지 않은 행운이 줄줄이 이어지거나 원하는 대로 일이 진행되어 가는 현상을 말한다. 맑은 날 우연히 우산을 들고 나왔는데 갑자기 비가 쏟아진다든지, 시험 직전에 펼쳐본 교과서의 내용이 시험 문제로 나온다든지 하는 경우 등을 들 수 있다.

롭 라이너Rob Reiner 감독의 영화 〈해리가 샐리를 만났을 때When Harry Met Sally〉에서 유래한다. 1977년 시카고 대학을 졸업하고 뉴욕에 일자리를 얻은 해리는 마찬가지로 뉴욕을 향해 떠나는 샐리의 차를 얻어 타게 된다. 두 사람은 첫 만남부터 남녀 사이에 친구는 성립되는가 하는 문제로 논쟁을 벌이게 된다. 그 후 두 사람은 12년 동안 친구로 지내면서 계속 티격태격하고 어긋난다. 하지만 샐리를 좋아하는 감정을 깨달은 해리는 샐리에게 고백한다. 그리고 둘의 관계는 해피엔딩을 맞는다. 연달아 좋은 방향으로만 일들이 이어지는 경우를 이 영화 여주인공의 이름을 따서 '샐리의 법칙'이라 부르게 되었다.

긍정적으로 생각하면 좋은 일이 생기고 부정적으로 생각하면 나쁜 일만 생긴다. 자신에게 생긴 일을 무조건 '운 때문'이라고 생각할 필요는 없다. 일을 확대 해석해 '징크스'로 고정시킬 필요 또한 없다. 살다 보면 좋을 때도 있고 나쁠 때도 있다. 이것은 단지 어떤 일이 일어날 확률의 차이에 불과하다. 매사 부정적으로 생각하면서 본인의 의지마저 꺾는 것보다 샐리의 법칙을 염두에 둔 채 긍정적으로 생각하면 계속 행동할 수 있고 더욱 나다운 내가 될 수 있다.

우연한 기회에 행운이 이어지는 샐리의 법칙과는 달리, 평상시 마음속으로 끊임없이 바랐던 일이 시간이 지나서 이루어지는 현상은 '줄리의 법칙Jully's law'이다. 초등학생 때 짝사랑했던 이성 친구를 대학생이 되어 소개팅에서 다시 만나 결혼에 성공하거나, 품절되어 살 수 없었던 갖고 싶었던 상품을 시간이 흘러 생일 선물로 그 물건을 받게 되는 경우 등이 줄리의 법칙에 해당한다. 일이 잘 풀리지 않고 갈수록 꼬이기만 하는 현상은 잘 알고 있는 '머피의 법칙Murphy's law'이다. 열심히 시험공부를 했지만 자신이 공부한 범위는 문제로 안 나오거나, 평소 지하철을 타고 다니다가 어쩌다 버스를 탔는데 하필 그날 사고가 나는 경우 등이 머피의 법칙에 해당한다. 바라는 방향에서 벗어나 우연히 나쁜 쪽으로만 일이 진행될 때 흔히 쓰이는 일종의 경험 법칙이다.

041

서번트 증후군

Savant syndrome

자폐증이나 지적 장애가 있는 사람이 암산, 기억, 음악, 퍼즐 맞추기 등 특정 분야에서 매우 뛰어난 능력을 발휘하는 현상이다.

정신과 병동에서 30년간 일한 영국의 다운John Langdon Haydon Down 박사는 1887년, 런던의학협회에 서번트 증후군에 해당하는 10명의 사례를 발표했다. 다운 박사는 이들을 '이디엇 서번트idiot savant' 혹은 '백치천재'라 칭했는데, 이는 낮은 IQ를 지닌 천재를 의미한다. 환자들은 수학, 음악, 미술, 기계 등의 분야에서 천재성을 보였는데 모두 놀라운 기억력을 지니고 있다는 공통점이 있었다.

놀랍군. 다들 기억력이 뛰어나.

어제 병원에 온 사람들 얼굴이 다 기억나.

난 그 사람들이 어떤 옷을 입었는지도 알아.

태아의 좌뇌는 우뇌보다 늦게 성장한다. 좌뇌 성장 중 테스토스테론에 노출되면 좌뇌가 손상돼 우뇌의 기능이 탁월해짐으로써 서번트 증후군의 증상이 발생할 수 있다. 출생 후 강한 충격이나 치매로 좌뇌가 손상된 사람들 역시 이 증상을 보이기도 한다.

호주의 신경학자 스나이더Allan Snyder 교수는 일반인들(피험자)에게 어려운 기하학 문제를 풀게 했다. 피험자들은 모두 문제를 풀지 못했다. 스나이더 교수는 피험자들의 좌뇌 특정 부위에 전류 자극을 주어 뇌 일부를 일시적으로 무력화시켰다. 그러자 피험자의 40퍼센트 이상이 문제를 풀어냈다. 즉 서번트 증후군은 좌뇌 손상으로 우뇌가 활성화되는 과정을 통해 발현한다.

042

서브리미널 효과

Subliminal effect

쉽사리 인지하기 힘든 무의식적인 자극음향, 도형, 음악 등으로 인간의 잠재의식에 영향을 가하는 효과다.

미국의 소비자 구매 동기 조사 전문가 제임스 비카리James McDonald Vicary는 1957년 다음과 같은 마케팅 실험을 실시했다. 그림, 글자 등을 짧은 시간 화면에 보여 주는 순간 노출기라는 타키스토스코프tachistoscope 장치를 사용하여 영화 상영 중간에 메시지를 끼워 넣었다. 그 메시지는 "코카콜라를 드세요!", "배고프세요? 그럼 팝콘을 드세요."라는 내용이었다. 이 메시지가 지나가는 순간은 3,000분의 1초에 불과해 관객 중 그 누구도 의식하지 못했다. 그런데 놀랍게도 영화 종료 후 팝콘의 판매량은 57.8퍼센트, 콜라의 판매량은 18.1퍼센트 증가했다. 비카리는 순간적으로 지나간 메시지가 관객들의 잠재의식에 남았다고 설명했다. 이 실험 이후 '서브리미널 광고subliminal advertising'라는 개념이 도입되었다. 서브리미널subliminal은 잠재의식 상태를 뜻하는 영어 단어다.

추후 비카리의 실험에 대해 몇 가지 문제가 제기되었다. 당시 기술로는 3,000분의 1초라는 짧은 시간에 메시지를 끼워 넣는 것이 어려웠다. 또한 영화 내용과 상영 계절에 따라 팝콘과 콜라의 구매량이 영향받을 수 있다는 점을 간과하고 삽입된 메시지의 효과만 고려하였다는 것이다. 일반적으로 잠재의식의 효과는 미미하며 조금만 시간이 지나면 사라지는 것으로 알려졌다. 그러나 비카리의 실험은 대중매체가 소비자의 잠재의식을 조종할 수도 있다는 위험성을 부각하였다는 데 의의가 있다. 이후 여러 국가에서는 잠재의식을 자극하는 광고를 규제하는 법안을 발표했다.

하지만 여전히 서브리미널 효과를 이용한 마케팅 사례는 많다. 드라마에서 주인공의 옷과 시계 등을 노출함으로써 구매 욕구를 자극하는 간접광고의 일종인 PPLProduct in Placement이 대표적이다. 그 밖에 성적이 오르는 음악, 스트레스 해소 음악이라는 등 잠재의식을 이용한 상품을 내세워 판매하는 사례가 있다.

043

설단현상

Tip-of-the-tongue phenomenon, 舌端現象

알고 있는 사실인데도 정확한 정보가 기억나지 않아 혀끝에서 맴돌다가 말로 표현되지 않는 현상이다.

흥미로운 점은 누군가 해당 단어에 대한 작은 단서라도 제공하면 그 단어를 기억해 낼 수 있다는 점이다. 긴장을 많이 하게 되는 구술시험 상황에서 자주 발생한다.

심리학에서는 설단현상을 다음과 같은 상황일 때 발생한다고 본다.

- 어떤 단어를 떠올리는 것과 관련된 불안이나 무의식적인 억압이 있을 때
- 정보가 기억 체계 속에서 복잡하게 저장되어 이를 인출하지 못할 때

설단현상은 미국 심리학의 창시자 제임스William James가 처음 언급했다. 그러나 이 현상을 'tip of the tongue'이라고 부른 것은 1966년 하버드 대학의 브라운Roger Brown과 맥닐David McNeil이었다. 'tip of the tongue'은 우리말로 '혀끝에서 빙빙 돈다'라는 뜻이다.

브라운과 맥닐은 피험자들을 대상으로 단어 암기 실험을 했다. 피험자들이 완벽하게 단어를 기억하지 못한 경우가 많았지만 단어의 모든 정보를 잊은 것은 아니었다. 피험자에게 생소한 단어들을 외우게 하고, 후에 기억해 내게 했다. 피험자들은 많은 단어를 정확히 기억해 내지 못했다. 그들은 단어의 첫 글자나 글자의 개수 등, 몇 가지 힌트를 떠올릴 수 있었다. 그러나 이렇게 주변을 맴도는 몇 가지 단서만 혀끝에서 맴돌다가 결국 정확한 단어를 말하지는 못했다.

친구와 어떤 영화에 대해 얘기하다가 주인공의 이름이 입속에서만 맴돌고 정확히 떠오르지 않은 경험이 누구나 한 번쯤 있을 것이다. 그때 친구가 주인공의 이름 첫 글자를 말하면 거짓말처럼 주인공의 이름이 반짝 떠오른다. 이것은 우리가 자주 겪는 설단현상의 한 예다.

044

섭식장애

Eating disorder

섭식攝食 혹은 식이食餌 행동에 심각한 문제가 있는 정신장애이다. 먹는 양을 극도로 줄이거나, 폭식한 후 일부러 구토를 하거나 설사약 등을 오용하기도 한다.

식이에 대한 잘못된 생각과 이상행동을 통틀어 일컫는 개념으로, 신경성 식욕부진증Anorexia(거식증), 신경성 폭식증Bulimia(폭식증) 등이 여기에 포함된다.

신경성 식욕부진증의 경우는 살이 찌는 걸 두려워해 음식에 대한 욕구가 있으면서도 필요한 에너지 섭취를 거부하는 증상이다. 신경성 식욕부진증에 있는 사람은 정상 체중의 최소 정도 혹은 그 이상으로 체중을 유지하는 것을 거부한다. 저체중이어도 체중 증가나 살찌는 것에 대해 강한 공포를 보인다. 자신의 체중이나 몸매에 대해 왜곡된 평가를 하면서 저체중의 심각성을 부정한다.

신경성 폭식증의 경우는 짧은 시간에 많은 양의 음식을 섭취한 뒤 스스로 혹은 약물을 통해 일부러 구토를 유도하는 증상이다. 구토를 하면 폭식을 여러 번 반복할 수 있기 때문에 먹고 토하고 또 먹는 행동을 반복한다. 신경성 폭식증이 있는 사람은 다른 사람보다 짧은 시간 동안 훨씬 더 많은 양의 음식을 섭취할 수 있다. 먹는 것을 멈출 수 없거나 음식을 얼마나 먹을 것인지 통제하지 못한다는 느낌을 받는다. 스스로 구토를 유발하거나 하제, 이뇨제, 관장제 등의 약물을 남용한다. 반복된 구토로 식도와 치아가 손상될 수 있다.

섭식장애는 생물학적, 사회적, 심리학적 요인이 복합적으로 작용하여 일어난다. 일반적으로 남성보다 여성에게 더 많이 발생하지만 남성도 예외는 아니다. 사춘기 소녀에게는 날씬해야 한다는 사회적 압력으로 섭식장애가 발생하기도 하고, 완벽주의 성격, 낮은 자존감, 강박적인 통제감 등도 섭식장애를 일으킬 수 있다. 또한 대뇌의 세로토닌serotonin 분비에 문제가 생겨 발생하기도 한다.

심각한 섭식장애가 있는 경우 의학적인 관찰을 위해 입원 치료가 필

요하며, 영양사와의 상담 역시 필수적이다. 의학적으로 안정된 후에도 정신과 치료나 전문 상담가의 보살핌이 필요하다. 심한 자기 비난적 사고, 자해 행동, 극도의 우울증 등을 동반할 때는 자살 충동을 느낀다. 자살 위험성을 낮추는 집중적인 치료를 받아야 한다. 가족을 치료에 동참시켜 섭식장애의 원인을 찾고 서로 의사소통을 하도록 하고, 가족 구성원 모두에게 섭식장애를 다룰 수 있는 대처 기술을 가르쳐야 한다. 섭식장애는 계속해서 재발되므로 꾸준히 치료하고 포기하지 않는 것이 중요하다.

045

성격장애

Personality disorders

한 사람이 지닌 성격과 행동이 자신에게나 사회적으로 장애를 일으킬 만큼 표준 기준을 벗어난 행태를 보이는 정신장애다. 지속적으로 삶의 각 영역에서 부적응이 초래되며, 흔히 인격장애라고도 부른다.

사춘기나 성인기 초기에 발달한 성격이 성숙하지 못하고 왜곡된 성격 구조를 보이다가 시간이 지남에 따라 개인의 특질로 굳어지면 성격장애로 이어진다. 이미 개인의 특질로 굳어진 성격은 개인의 행동에 영향을 주고 잘 변하지 않는다. 특히 성격장애를 가진 사람들은 본인이 타인에게 피해를 주는 유형의 사람이라고 생각하지 못할 수도 있다. 다양한 성격장애를 파악하고 그들을 어떻게 대할지 생각해 보는 것도 유용할 것이다.

성격장애의 유형은 크게 A군 성격장애, B군 성격장애, C군 성격장애 세 가지로 나뉜다.

A군 성격장애

사회적 고립과 기이한 성격을 특징으로 하는 편집성, 분열성, 분열형 성격장애를 말한다.

▪ 편집성 성격장애 paranoid personality disorder

과도한 경계심으로 무장하고 우연을 믿지 않으며, 항상 다른 사람의 악의를 예상하는 성격장애다. 자존감이나 정신력이 약한 나머지 방어기제가 지나치게 세진 사람들이기 때문에 끊임없이 타인을 의심한다.

■ **분열성 성격장애** schizoid personality disorder

자기 내적 세계에만 관심을 두려는 성향이다. 혼자 있기를 좋아하고 매사에 수동적이고 비자발적이다. 대인관계를 맺는 데 서툴고 감정을 잘 표현하지 않기 때문에 타인의 칭찬이나 비난에도 무관심하다.

■ **분열형 성격장애** schizotypal personality disorder

감정을 표현하지 않는 외톨이가 분열성이라면, 분열형은 왜곡된 인식을 가지고 비정상적인 행동을 보인다. 망상이 지나친 나머지 본인이 신과 같은 특별한 존재라고 믿기도 한다.

B군 성격장애

감정적이고 극적인 성격을 특징으로 하는 반사회성, 경계선, 연극성 성격장애를 말한다.

■ **반사회성 성격장애** antisocial personality disorder

지속적으로 타인의 권리를 침해하고 거짓말을 반복하며 법률적인 사회규범을 따르지 않는다. 미리 계획을 세우지 않고 행동하는 등 충동적이고 폭력적인 성향을 보이며 남에게 피해를 끼쳐도 양심의 가책을 느끼지 않는다.

정류장에서 담배를 피우면 안 되지!!

상관 마요!

▪ **경계선 성격장애** borderline personality disorder

상대방을 이상화하거나 폄하하는 불안정하고 격렬한 인간관계를 보인다. 감정의 기복이 매우 심하고 과소비, 난폭 운전, 과식 등 충동적인 성향을 드러내며, 반복적으로 자살 시도나 위협, 자해 행위를 한다.

▪ **연극성 성격장애** histrionic personality disorder

타인의 주목을 받기 좋아하고 감정 표현이 자주 바뀌며, 내용에 세부 사항이 결여되어 있는 피상적인 말을 늘어놓는다. 자신에게 지속적인 관심을 가져 주길 바라기 때문에 극적이고 연극적인 태도를 보이지만 속으로는 우울해하거나 지루해할 때가 많다. 연기성 성격장애로 불리기도 한다.

▪ **자기애성 성격장애** narcissistic personality disorder

자신이 제일 중요하다고 여겨 본인의 능력에 비해 지나친 자신감을 보이고 타인의 존경과 관심을 받기 위해 끊임없이 노력한다. 성공을 위해서는 타인의 노력을 착취하기도 하고, 어떤 일에 실패하면 심각한 수치심과 열등감으로 괴로워한다.

C군 성격장애

불안과 두려움의 경험을 특징으로 하는 회피성, 의존성, 강박성 성격장애를 말한다.

▪ 회피성 성격장애 avoidant personality disorder

다른 사람들과 친해지고 싶지만 거부딩하거나 따돌림당하는 것을 두려워하는 성격장애다. 타인이 무 조건적으로 자신을 수용해 주기를 바라지만 심적으로 상처를 입으면 대인관계를 맺어야 하는 사회활동 을 피하기도 한다.

▪ 의존성 성격 장애 dependent personality disorder

보호받고자 하는 욕구가 커서 타인에게 지나치게 의존하고 거절당하는 것 을 두려워한 나머지 상대방의 무리한 요구까지 들어 주는 성격장애이다.

▪ 강박성 성격 장애 obsessive-compulsive personality disorder

융통성이 부족하고 효율성이 없어 타인과의 원활한 상호작용에 미숙한 모 습을 보인다. 소장 가치가 별로 없는 오래된 물건이나 정리 정돈에 집착하고 어떤 일의 순서나 규칙에만 신경 쓰다가 정작 중요한 부분을 잘 놓친다. 늘 사고가 경직되어 있으며, 완벽함을 추구하다가 일을 마무리하지 못하는 경우 가 많다.

046

수면자 효과

Sleeper effect

신뢰도가 낮은 출처에서 나온 메시지의 설득 효과가 시간이 지나도 떨어지지 않고 오히려 높아지는 현상이다.

일반적으로는 과거에 다른 사람이 한 말을 시간이 흐른 후 마치 자기 의견인 양 말하는 경우를 수면자 효과라고 한다. 시간이 지나면서 메시지에 대한 태도가 긍정적으로 변할 가능성이 있는 것이다. 참고로 권위자의 말과 같이 신뢰도가 높은 메시지의 설득 효과는 시간이 지나면 감소하는 것이 보통이다.

수면자 효과는 미국 예일 대학의 사회심리학자 칼 호블랜드Carl Hovland에 의해 명명되었다. 호블랜드와 동료들은 1949년 후반 미군에 징집된 사람들을 대상으로 육군에서 만든 선전용 영화를 보여 주었다. 그리고 5일이 지난 후와 9주일이 지난 후의 태도를 측정했다. 영화는 제2차 세계대전 당시 연합군을 지지하는 내용으로, 5일이 지난 시점에는 영화를 본 집단이나 안 본 집단이나 별 차이가 없었다. 그러나 9주일이 지난 후에는 영화를 본 집단이 영화를 안 본 집단보다 연합군에 대해 호의적이었다. 시간이 오래 지나면 출처에 대한 기억이 부실해져서 정보의 신빙성과 상관없이 메시지의 내용만을 기억하게 된다. 이런 과정으로 신빙성이 낮은 정보가 점차 설득력을 얻게 되는 것이다.

수면자 효과를 많이 활용하는 분야가 광고다. 광고가 방영된 후 그 효과가 즉각 발생하는 일은 드물다. 시간이 지나면서 소비자는 광고에서 보았던 제품의 효과에 대한 긍정적인 메시지만 기억하게 되고, 이는 기업의 매출로 이어지게 된다. 따라서 광고를 제작할 때는 시간이 지나도 기억에 남을 핵심적인 메시지를 담는 것에 주력하게 된다.

선거운동에서 흑색선전이 효과가 있는 이유도 수면자 효과와 관련이 있다. 기사의 제목을 의문형으로만 작성해도 읽는 사람은 그 의문 자체를 선거 후보에 대한 부정적인 이미지로 받아들일 수 있다. 사람의 머릿속에 부정적인 내용이 입력되면 나중에 어떤 식으로든 효과가 나타난다. 시간이 지나면 사람들은 흑색선전의 출처는 잊고 그 내용만 기억하게 된다. 따라서 정치적인 이슈에 대해 무조건적으로 언론을 믿기보다는 사실 여부를 먼저 확인할 필요가 있다.

요즘 흑색선전의 '일등 공신'은 SNS라고 해도 과언이 아니다. SNS는 정보를 전달하는 데 강한 파급력을 가지고 있어 메시지를 무한대로 전파할 수 있다. 메시지의 무한 전파는 출처에 대한 가치를 떨어뜨려 수면자 효과를 부채질한다. 따라서 SNS 이용자에게는 정확한 출처를 확인하려는 태도가 더욱 중요하다.

각종 음모론이 끊임없이 제기되는 것도 수면자 효과와 관련이 있다. 1969년 당시 7억 명에 이르는 사람들이 나사NASA가 생중계한 아폴로 11호의 달 착륙 장면과 우주인들의 활동을 시청했다. 1974년 작가 빌 케이싱Bill Kaysing은 『우리는 결코 달에 가지 않았다We Never Went to the Moon』라는 책으로 음모론을 처음 제기하였다. 케이싱은 자신이 아폴로호의 개발에 참여한 것처럼 포장했지만 사실 그는 문서 관리 업무에만 종사한 인물이었다. 더구나 우주공학에 대한 어떤 교육도 받지 않은 것으로 드러났다. 이후 달 착륙 장면은 세트장에서 연출된 것이라는 등 끊임없이 음모론이 제기되었다. 심지어 2001년 폭스 TV는 달 착륙 조작설에 대한 프로그램을 방송하기도 했다.

결과적으로 시간이 지나면서 사람들은 메시지에 대한 출처는 신경 쓰지 않고 오히려 부정적인 메시지를 신뢰하게 된다.

047

스놉 효과

Snob effect

어떤 상품에 대한 사람들의 소비가 증가하면 오히려 그 상품의 수요가 줄어드는 효과다.

관련용어 밴드왜건 효과, 베블런 효과

'스놉Snob'은 잘난 체하는 속물을 의미하는 영어 단어다. 스놉 효과는 마치 까마귀 떼에서 혼자 떨어져 고고하게 있는 백로의 모습과 같다고 해서 '백로 효과'라고도 한다.

부유한 사람들은 타인과의 차별성을 추구하는 경향이 있다. 따라서 자신들이 즐겨 사용하던 상품이라도 많은 이들이 사용하거나 대중화되면 일반 사람들은 잘 모르는 상품으로 소비 대상을 바꾸고 싶어 한다. 즉 스놉 효과는 남을 따라하는 소비 행태를 뜻하는 밴드왜건 효과 Bandwagon effect와는 반대다. 스놉 효과에 숨어 있는 차별성과 독특성의 욕구는 주로 소비와 같은 외적인 행동을 통해 드러나게 된다. 사람들은 타인과 어느 정도까지는 비슷하다고 느낄 때 편안하게 생각하지만 특정한 역치를 넘게 되면 불편감이 증가하게 되어 다른 사람과의 차별성을 추구하게 된다. 이러한 경향성은 개인 혼자만의 독립적인 선택의 결과라기보다는 타인의 반응에 대한 일종의 반동 작용으로 볼 수 있다.

1950년 미국의 경제학자 라이벤슈타인Harvey Leibenstein이 《쿼털리 저널 오브 이코노믹스Quarterly Journal of Economics》에서 처음 제시하였다.

이 잡지에서 스놉 효과와 베블렌 효과Veblen effect를 비교하고 설명했다. 그는 대중과 차별화되고픈 욕망이 담긴 스놉 효과는 '대중의 소비'의 영향을 받는다고 했다. 반면 고가품일수록 과시욕으로 수요가 증가하는 베블렌 효과는 '가격'의 영향을 받는다고 보았다.

　일반 대중이 쉽게 살 수 없는 명품을 선호하는 것은 스놉 효과의 현상 중 하나다. 2006년 서울 압구정동에 스위스의 명품 시계 '빈센트 앤드 코vincent&co.' 매장이 문을 열었다. 판매자는 연예인을 통한 홍보로 수십 억 원에 달하는 수입을 올렸다. 그러나 알고 보니, 판매자는 값싼 중국산 부품을 넣은 저가의 시계를 고가로 판매한 것이었다. '전 세계 인구의 1퍼센트만이 찬다'는 문구에 현혹된 구매자들은 이를 전혀 의심하지 않았다.

　VIP 우대나 리미티드 에디션Limited edition과 같은 마케팅은 스놉 효과를 이용한 사례다. 백화점은 일정액 이상 구매 고객에게 VIP 등급을 지정, 라운지 이용 등의 혜택을 부여한다. 소비자들은 VIP가 되기 위해, VIP들은 등급 유지를 위해 더 많은 상품을 지속적으로 구매한다.

리미티드 에디션은 특정 계절이나 해에만 출시되는 한정 상품을 말

한다. 그 순간에만 살 수 있는 특별함을 부각해 독보적이기를 원하는
소비자의 욕구를 자극하는 것이다.

048

스마일 마스크 증후군

Smile mask syndrome

밝은 모습을 유지해야 한다는 강박에 슬픔, 분노와 같은 감정을 제대로 발산하지 못하고 심리적으로 불안정한 상태를 말한다.

실제 감정을 억제한 채 늘 웃는 얼굴로 고객에게 서비스하는 감정 노동자나 경쟁에 내몰리는 직장인에게서 흔히 보이는 스트레스 증상이다. '스마일 페이스 증후군Smile Face Syndrome'이라고도 불린다.

일본 쇼인여대樟蔭女大의 나스메 마코토夏目 誠 교수가 처음 사용한 심리학적 의학 용어다. 마코토 교수에 의하면 서비스직에 종사하는 여성들의 경우 언제나 미소를 짓고 있는 것이 자신의 고용 상태를 지속하는 데 영향을 미친다고 생각한다. 그들은 자신의 마음 상태와 상관없이 언제나 미소를 지어야만 한다. 스마일 마스크라는 가짜 표정의 가면을 쓰고 속으로는 슬픔과 분노를 감추고 있다는 점에서 '가면 우울증Masked depression'과 유사하다. 다만 가면 우울증은 다양한 신체와 정신의 증상으로 우울증 증상을 감추는 측면을 강조하는 것으로, 표면적으로 명랑하게 보이는 부분을 반드시 전제하지는 않는다. 이에 비해 스마일 마스크 증후군은 식욕 감퇴, 성욕 저하, 불면증, 무력감, 잦은 회의감 등의 증상을 동반한다.

텔레마케터와 직접 대면하지 않는다는 익명성을 뒤에 업은 고객들은 쉽게 그들을 하대한다. 소위 '진상'들은 아무리 친절하게 응대해도 쉽게 욕을 하거나 심지어 성희롱을 하기도 한다. 텔레마케터들은 바른 정보를 전달했어도 고객이 맘에 안 든다고 욕을 하면 무조건 죄송하다고 사과하도록 교육받는다. 겉으로는 친절을 베풀어도 속으로는 업무에 대한 스트레스로 자기감정을 잃어버린 기분에 빠져들기 쉽다.

또한 대중의 관심을 받는 연예인들은 언제 식을지 모르는 인기에 대한 부담을 느끼고, 말도 안 되는 악성 댓글에 시달려도 언제나 밝은 얼굴로 자신을 포장하기 때문에 문제가 된다. 우울증에 걸린 연예인은 자살이라는 극단적인 방법을 선택하기도 하는데, 이는 사회에 큰 파장을 일으킨다.

스마일 마스크 증후군을 방치하면 자신의 감정을 계속 억누르다 본인이 어떤 감정을 느끼는지도 모르는 상태가 될 수 있다. 감정에 대해 무감각해지는 증상, 자기 환멸과 같은 우울감 등에서 벗어나기 위해 꾸준히 가면을 벗으려는 노력을 해야 한다. 외적인 스트레스에 시달리는 자신의 상태를 객관화하고, 진짜 자신의 감정과 자기 자신을 존중해야 한다. 아울러 국가와 기업은 감정 노동자들의 스트레스를 적극적으로 관리할 의무가 있으므로 이들이 경험하는 고통을 미리 예방하는 교육을 하고 복지시설을 갖추는 노력을 해야 한다. 또한 감정 노동자들을 대하는 사회 전체에의 인식도 개선되어야 한다.

049

스탕달 증후군

Stendhal syndrome

뛰어난 예술 작품을 보고 순간적으로 흥분 상태에 빠지거나 호흡곤란, 현기증, 위경련, 전신 마비 등의 이상 증세를 보이는 경우를 말한다.

이탈리아 공포영화의 거장 다리오 아르젠토Dario Argento는 1996년 〈스탕달 증후군Stendhal Syndrome〉이라는 영화를 만들었다. 영화에서 주인공 안나 마니Anna Manni는 미술관에서 피터 브뤼겔Peter Bruegel의 〈추락하는 이카루스가 있는 풍경Landscape of the Fall of Icarus〉을 감상하다가 기절한다. 동경하던 위대한 걸작과 실제로 대면하는 순간 누구나 감동할 것이다. 그런데 감동을 넘어 강렬한 정신적 충격을 받기도 한다. 이 충격이 곧 스탕달 증후군이다.

추락하는 이카루스가 있는 풍경, 피터 브뤼겔, 1558년경

프랑스 사실주의 문학의 시조 『적과 흑Le Rouge et lenoir』의 작가 스탕달Stendhal의 이름에서 유래한다. 소설 『적과 흑』을 지은 스탕달은 평소 미술 작품을 즐겨 감상했다. 1817년 그는 이탈리아 피렌체를 여행하다가 산타크로체 성당에서 귀도 레니Guido Reni의 〈베아트리체 첸치 Beatrice cenci〉라는 미술 작품을 보고 순간적으로 흥분 상태에 빠져 호흡곤란까지 겪게 되었다. 이런 증상은 한 달 동안이나 이어졌다고 한

다. 훗날 이탈리아의 정신의학자 그라지엘라 마르게니Graziella Magherini
는 1989년 자신의 저서 『스탕달 증후군Stendhal syndrome』에서 작가 스
탕딜이 겪은 승상과 비슷한 증상을 '스탕달 증후군'이라 명명했다.

네덜란드의 후기 인상주의 화가 빈센트 반 고흐Vincent van Gogh는
1885년 암스테르담 국립미술관이 개관하자 미술 작품을 보기 위해 방
문했다. 그는 렘브란트Rembrandt Harmensz. van Rijn의 〈유태인 신부The
Jewish Bride〉를 보고 작품에 매료되었다. 함께 간 친구가 미술관 관람을
모두 마치고 돌아왔는데도 그 자리에서 계속 그림을 바라보고 있었다.
고흐는 그림 앞에 앉아서 2주만 보낼 수 있게 해 준다면 남은 수명의
10년이라도 떼어 줄 수 있다는 말까지 했다고 한다.

러시아 출신의 미국 화가인 마크 로스코Mark Rothko는 추상 표현의 대
가이자 평면회화의 혁명가로 불린다. 그의 작품 중에서 특히 직사각형
의 화면에 검정과 빨강을 대비시킨 대형 화폭을 감상하다가 졸도하는
사람이 많았다고 한다. 마크 로스코는 자신의 작품을 살아 있는 생명체
로 여기고 이렇게 말했다. "나는 색채나 형태에는 관심이 없다. 나는 비

극, 아이러니, 관능, 운명 같은 인간의 근본적인 감정을 표현하는 데에
만 관심이 있다. 내 그림 앞에서 우는 사람은 내가 그것을 그릴 때 가진
것과 똑같은 종교적 경험을 하고 있는 것이다."

050

스톡데일 패러독스

Stockdale paradox

비관적인 현실을 냉정하게 받아들이는 한편, 앞으로는 잘될 것이라는 굳은 신념으로 냉혹한 현실을 이겨 내는 합리적인 낙관주의다.

냉철한 현실인식과 뚜렷한 목표 달성의 의지를 보인다는 점에서 스톡데일 패러독스는 비현실적이고 현실을 왜곡하는 막연한 낙관주의나 자기기만self-deception과는 구별된다. 패러독스paradox란 말이 붙은 이유는 '현실에 기반을 둔 합리주의'와 '미래지향적인 낙관주의'가 공존하기 어려울 것 같기 때문이 아닐까? 그러나 스톡데일 패러독스는 합리적인 낙관주의 혹은 현실적인 낙관주의가 가능하다는 것을 보여 준다. 이는 인간의 놀라운 탄력성resilience의 증거로 사용되고 있다.

미군 장교 제임스 스톡데일James Bond Stockdale은 베트남 전쟁 당시 1965년부터 1973년까지 동료들과 포로로 잡혀 있었다. 포로 생활 중 냉혹한 현실을 직시하며 대비한 그는 살아남은 반면, 대비 없이 그저 상황을 낙관하기만 한 동료들은 계속되는 상심을 못 이겨 죽고 말았다.

제임스 스톡데일

스톡데일이 보여 준 강인한 생존 의지는 의미 치료자 빅터 플랭클Viktor E. Frankl의 경험과 맥을 같이한다. 나치의 강제수용소에 수감된 그는 비참한 절망 속에서도 삶에 대한 강인한 의미 추구를 잃지 않았다. '살아남아야 할 이유가

있는 사람은 어떻게든 살아갈 수 있다'고 하였다.

포로수용소에서 크리스마스 전에는 나갈 수 있을 거라고 믿었던 낙관주의자들은 크리스마스가 지나자 부활절에 석방될 것이라는 믿음을 이어 갔다. 그러나 부활절에도, 뒤이은 추수감사절까지도 석방 소식은 들려오지 않았고 다시 크리스마스를 맞이하는 상심의 고리에 빠져 결국 죽음에 맞았다. 근거 없이 막연히 일이 잘될 것이라고 믿는 태도와 현실을 직시하며 신념을 잃지 않고 희망을 품는 합리적인 낙관주의는 다른 결과를 낳는다.

스톡데일 패러독스에서 나타나는 합리적인 낙관주의는 특히 목표를 반드시 달성하겠다는 강한 의지를 동반하며 객관적인 현실을 받아들이는 태도를 바탕으로 한다. 스트레스 상황을 회피하는 비관주의자에 비해 합리적인 낙관주의자는 자신이 통제할 수 있는 상황에서는 문제를 해결하려는 자세를 주로 취하고 자신이 통제할 수 없는 상황에서는 보다 융통성 있는 태도로 현실을 받아들인다.

영화 〈쇼생크 탈출*The Shawshank Redemption*〉의 주인공은 억울한 옥살이를 하면서 탈출 계획을 세운다. 언젠가는 억울함이 풀리고 석방되리라는 막연한 기대에 빠져 있지 않았다. 그는 교도소라는 냉혹한 현실을 직시하면서도 희망을 잃지 않았으며 매일 숟가락으로 벽을 파내는 강한 의지를 가지고 결국 탈출에 성공했다.

051

스톡홀름 증후군

Stockholm syndrome

공포심으로 인해 극한 상황을 유발한 대상에게 긍정적인 감정을 가지는 현상이다. 범죄심리학 용어로 인질이 인질범에게 동화 혹은 동조하는 비합리적인 현상을 말한다.

관련용어 리마 증후군

1973년 8월 23일부터 28일까지 6일간 스웨덴의 수도 스톡홀름 노르말름스토리의 크레디트반켄에서 은행 강도 사건이 발생한다. 인질범들이 네 명의 직원을 인질로 잡고 경찰과 대치하는 동안 인질들은 인질범들과 애착 관계를 형성했다. 인질들이 자신을 해치지 않았다는 사실에 고마움을 느꼈기 때문이다. 인질들은 인질범들에 대한 불리한 증언을 거부했고, 심지어 인질범들을 옹호했다. 이 상황을 본 스웨덴의 범죄학자이자 심리학자인 베예로트Nils Bejerot가 '스톡홀름 증후군'이라 이름을 붙였다.

특히 생존이 위협받는 상황에서 가해자가 친절한 모습을 보이게 되면, 피해자의 자아ego는 이를 생존의 유일한 창구로 여기게 된다. 가해자와 자신을 동일시하고 가해자의 폭력적 행동을 합리화하게 되는데, 이것이 가해자에 대한 증오보다도 클 수 있다.

스톡홀름 증후군은 유괴나 납치와 같은 특별한 상황뿐만 아니라 데이트나 가정 폭력 등의 상황에서도 나타난다. 연인 관계에서 폭력을 경험한 사람들의 50퍼센트는 관계를 쉽게 정리하지 못한다. 폭력이 잦을

수록, 연인의 드문 애정 표현에서 더 큰 사랑을 느끼기 때문이다.

부모의 학대를 받은 아이는 낮아진 자존감을 부모에 대한 비이성적 애착이나 동일시로 해결하려고 한다. 이런 현상을 공포 '유대Terror bond' 혹은 '트라우마적 유대Trauma bond'라고도 한다.

가해자가 피해자에게 감화되어 자신과 피해자를 동일시하거나 동조하는 현상을 '리마 증후군Lima syndrome'이라고 한다. 이는 스톡홀름 증후군과 반대되는 개념이다. 1996년 12월 17일 페루의 리마에 있는 일본 대사관 점거 사건에서 유래한다.

052

스트룹 효과

Stroop effect

단어를 인지하는 과정에서 단어의 의미와 글자의 색상이 일치하지 않으면 색상을 명명하는 반응 속도가 늦어지는 현상이다. 스트룹 간섭 효과Stroop interference effect라고도 한다.

스트룹 효과가 나타나는 이유는 우리가 무의식적으로 단어의 의미를 처리하는 경향이 있기 때문이다. '빨간색으로 쓰인 검정' 단어를 마주칠 때 우리에게는 해당 단어의 의미인 검정을 무시하는 동시에 빨간 색상에만 선택적으로 주의를 기울여야 하는 부가적인 정보 처리 시간이 필요하다. 즉 익숙한 것을 무시하는 것에 대한 어려움 때문에 시간이 걸리는 것이다.

1935년 미국의 심리학자 존 리들리 스트룹John Ridley Stroop은 다음과 같은 실험을 고안해 냈다. 색깔을 나타내는 단어들을 검은색으로 쓴 뒤 피험자들에게 읽게 한다. 그러면 피험자들은 시간 지체 없이 단어를 읽었다.

그다음 색깔을 나타내는 단어에 그 단어와 상관없는 색을 입힌 후, 피험자들에게 단어에 입혀진 색깔을 이야기하라고 한다. 피험자들이 색깔을 맞히는 데는 앞의 실험보다 많은 시간이 걸렸다.

사람들은 단어의 의미를 읽는 행위에 익숙하다. 단어의 의미를 읽는 행위는 오랜 경험을 통해 익숙해졌기 때문에 쉽게 행동으로 옮길 수 있다. 그러나 단어의 의미가 아닌 색깔 그 자체를 읽어야 하는 행위는 의식적으로 수행해야 하기 때문에 시간이 지체된다.

여러 가지 상황에서 스트룹 효과가 나타날 수 있다. 화장실 표지판의 색을 반대로 하는 경우 혼란스러울 수 있다. 동물의 실제 이름과 다른 이름을 써야 하는 경우에는 반응속도가 느려진다.

화장실 표지판의 뒤바뀐 색을 봤을 때

사진과 다른 동물 이름을 쓸 때

2000년 10월, 세계적인 케첩 회사 하인즈는 케첩은 빨간색이라는 고정관념을 깨뜨리기 위해 녹색 케첩을 만들었다. 그러나 하인즈는 얼마 못 가서 녹색 케첩의 판매를 중지하고 말았다. 케첩은 빨간색이라는 고정관념을 깨는 스트룹 효과는 극복했지만 녹색이 상한 음식의 이미지를 떠올리게 한다는 사실을 간과했기 때문이다.

053

스티그마 효과
Stigma effect

부정적으로 낙인이 찍히면 실제로 그 대상이 점점 더 나쁜 행태를 보이거나 대상에 대한 부정적 인식이 지속되는 현상이다.

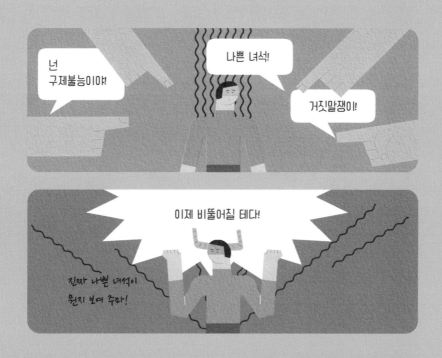

관련용어 피그말리온 효과

'스티그마Stigma'는 빨갛게 달군 인두를 가축의 몸에 찍어 소유권을 표시하는 낙인을 가리킨다. 그래서 스티그마 효과를 '낙인 효과'라고도 한다. 심리학에서는 인간의 일탈 행동이나 부적응 행동을 설명할 때 주로 사용된다.

1960년대 미국의 사회학자이자 도시문제학 교수였던 하워드 베커 Howard S. Becker가 낙인 이론Labelling theory을 제창했다. 처음 범죄를 저지른 사람에게 범죄자라는 낙인을 찍으면 결국 스스로 범죄자로서의 정체성을 갖고 재범을 저지를 가능성이 높다는 것이다.

예를 들어 기업에서는 인재를 채용할 때, 동일 조건이라면 이전 취업 경력이 없다는 이유로 응시자에게 결격사유가 있다고 본다. 결과적으로 응시자는 미취업 경험 때문에 구직 활동에 소극적으로 임하게 되어 취업이 어려워지는 경우가 발생한다.

무상 급식에 대한 논란은 복지 정책에 대한 사회적인 관심을 이끌어 냈다. 저소득 계층에 대한 선별적 무상 급식을 시행해야 한다는 입장과 반대하는 입장이 팽팽하게 맞서고 있다. 반대하는 입장에서는 보편적 복지의 확대를 주장하면서 선별적 무상 급식을 실시할 경우 저소득 계층에 대한 낙인 효과가 생길 위험성이 있다고 주장한다.

범죄를 저지른 청소년에 대한 부정적인 편견은 그들이 새로운 삶을 살아갈 의지를 꺾을 수도 있다. 이러한 편견은 결국 그들을 범죄를 저지를 수밖에 없는 사람으로 낙인찍는 악순환을 초래한다.

타인의 긍정적인 기대나 믿음이 있을 때, 그 기대에 부응하는 쪽으로 결과가 좋아지는 현상을 '피그말리온 효과Pygmalion effect'라고 한다. 이는 스티그마 효과와 반대되는 개념이다.

054

아도니스 증후군

Adonis syndrome

남성의 외모 집착증을 의미하며, 이로 인해 강박증과 우울증, 심한 경우 섭식장애와 데이트 기피 증상을 앓을 수 있다.

그리스 신화에 나오는 미청년 '아도니스Adoins'라는 이름에서 유래한 증후군이다. 아도니스는 미의 여신 아프로디테의 사랑을 받지만 아프로디테의 연인이자 전쟁의 신 아레스에게 미움을 받는다. 결국 질투에 눈이 먼 아레스가 멧돼지로 둔갑해 아도니스를 죽였다. 아도니스를 불쌍하게 여긴 아프로디테는 그를 꽃으로 다시 피어나게 했는데, 이 꽃이 바로 아네모네다.

'아도니스 콤플렉스'라고도 하며, 남성이 신체 이미지를 과도하게 중요시하는 것이 특징이다. 외모지상주의가 낳은 폐해 중 하나다. 외모지상주의가 만연한 사회 풍조 속에서 여성뿐만 아니라 남성들도 외모에 신경을 쓸 수밖에 없다. 이러한 집착이 심해지면 스스로를 추하게 여기기도 한다.

2001년 하버드 대학 의대 교수 해리슨 포프Harrison G. Pope의 저서 『아도니스 콤플렉스The Adonis Complex』에서 처음 등장했다. 포프 교수가 심각한 신체 변형 공포증dysmorphophobia을 겪는 미국 내 300만 명 이상의 남성을 설명하면서 만들어 낸 용어가 아도니스 증후군이다. 그는 미국의 수많은 남성들이 근육질 몸매를 가꿔야 한다는 강박관념에 빠져 있다고 주장했다.

아도니스 증후군은 사회적 현상이 반영된 결과물이다. 이 증후군이 있는 사람은 외모를 치장하면 자신의 가치가 높아진 것 같은 착각을 일으키기도 한다. 그러나 실제로 아도니스 증후군을 앓는 남자들 가운데는 자존감이 낮고 자기 비하의 태도를 보이는 경우가 많다. 이들은 젊고 건강해 보이는 외모를 위해 근육질 몸매나 모델 같은 마른 몸매에 집착하기도 한다. 심지어 성형 중독에 시달리기도 하고 자기보다 잘생긴 사람을 질투하기도 한다.

영화 〈아메리칸 사이코American Psycho〉의 주인공 베이트만은 외모를 가꾸는 일에 광적으로 집착한다. 헬스로 탄탄한 근육질 몸매를 유지하고, 몇 단계에 걸쳐 꼼꼼히 스킨케어를 받는 일이 베이트만의 하루 일과다. 게다가 망설임 없이 값비싼 브랜드의 옷과 향수를 구입한다. 남보다 우월해지고 싶어서 명함의 종이 품질까지 신경 쓰는 그는 급기야 정신분열을 일으켜 살인을 저지르게 된다.

아도니스 증후군에 속하는 남성은 자신의 전반적인 신체 이미지와 관련된 염려증을 보인다. 반면 근육 추형muscle dysmorphia은 근육 변형, 근육 이형이라고도 하며, 몸매나 근육이 대부분 정상적으로 발달한 남성이 자신의 몸매를 지나치게 왜소하고 빈약한 것으로 과장하거나 이에 대한 망상 증상을 동반하면서 과도하게 집착하는 신체변형장애의 일종이다.

055

아포페니아

Apophenia

서로 무관한 현상들 사이에 규칙, 연관성을 찾아내 의미를 부여하는 현상이다.

1958년 독일의 정신병리학자 클라우스 콘라트Klaus Conrad가 정신분열증 환자의 망상 사고가 시작될 때 나타나는 특성을 'Apophänie'로 부르면서 시작된 개념이다. 그리스어로 'apo'는 '~으로부터 벗어나는 away from'의 뜻이고, 'phaenein'은 '보여 준다to show'는 뜻이다. 둘을 연결한 아포페니아는 실제 보이는 것과 달리 이상한 연결성을 찾아내는 것을 의미한다.

아포페니아는 주변 현상에 특정한 의미를 부여하려는 인간 사고의 특징이기도 하다. 또한 모호하고 흐릿한 자극을 명백하고 뚜렷하게 지각하는 '파레이돌리아Pareidolia'를 포함하는 개념이다. 나무껍질에서 성모 마리아의 모습을 보거나, 멕시코의 대표적인 빵인 토르티야의 불에 탄 얼룩에서 예수 그리스도의 얼굴을 찾는 것 등이 파레이돌리아의 예다. 파레이돌리아가 주로 시각적인 자극의 착각을 지칭한다면, 아포페니아는 좀 더 확장된 개념으로서 서로 연관성 없는 현상들에서 의미를 부여해 믿는 행위다.

1990년대 초 서태지와 아이들이 발표한 가요 〈교실이데아〉를 거꾸로 들으면 악마의 목소리가 들린다는 소문이 널리 퍼진 적이 있었다. 이는 청각 자극에 의한 아포페니아 사례라고 볼 수 있다.

아포페니아는 분석심리학을 만든 카를 융Carl Gustav Jung이 말한 동시성Synchronicity을 경험할 때 가장 자주 나타난다.

오후에 무심코 시계를 봤을 때 4시 44분이었는데,

다음날 오후에도 시계를 봤을 때 4시 44분이었다면 대부분의 사람들은 사소한 동시성에서 질서를 찾아내고 의미를 부여하려고 한다. 또한 유명 인사들 여러 명과 생일이 같을 때, 간밤에 자연재해가 발생하는 꿈을 꾸었는데 지구 반대편에서 쓰나미가 일어났다는 아침뉴스를 보았을 때도 우리의 의식은 의미를 찾으려 움직인다. 즉 우연에 가치를 부여하려는 것이다. 예언이나 점술 같은 초자연적 현상에서 일정한 규칙을 찾아내려는 것도 아포페니아 심리다. 그러나 초자연적 현상은 연관성 없이 발생할 때가 많다.

취리히 대학 병원의 신경과 의사인 피터 브루거Peter Brugger는 "외관상 서로 무관한 사물이나 사상 사이에서 연관성을 찾으려는 성향은 정신이상과 창조성을 연결짓는다. (중략) 아포페니아와 창조성은 동전의 양면처럼 보일 수도 있다"고 했다. 이처럼 아포페니아는 인간의 창조성을 발달시켜 주기도 하지만 인지 및 사고의 오류와 착각의 원인이 되기도 한다. 주변 사물에 대한 환각과 망상, 착란 등 정신분열의 원인이 될 수도 있기 때문에 양날의 검을 가진 심리라고 할 수 있다.

056

악의 평범성

Banality of evil

나치에 의한 유태인 학살홀로코스트, Holocaust이 광신도나 반사회적 성격장애자가 아닌 상부의 명령에 순응한 지극히 평범한 사람들에 의해 자행되었음을 말하는 개념이다.

미국 정치철학자 한나 아렌트Hannah Arendt는 독일 태생의 유태인으로, 히틀러 정권 출범 후 반反 나치 운동을 벌이다가 1941년 미국으로 망명했다.

한나 아렌트

아렌트는 1960년에 독일의 나치스 친위대 장교였던 아돌프 아이히만Adolf Eichmann이 체포되자 미국의 잡지《뉴요커The Newyorker》의 특파원 자격으로 재판을 참관하고, 이 기록을 1963년 『예루살렘의 아이히만 Eichmann in Jerusalem : A Report on the Banality of Evil』으로 발표했다. 이때 제시한 개념이 바로 '악의 평범성'이다. 아렌트는 유태인 말살을 저지른 아이히만이 그저 자신의 직무를 성실히 수행한 것이었으며 악의 근원은 평범한 곳에 있다고 주장했다. 실제로 히틀러 치하의 독일에서 학살된 유태인은 600만 명에 이르는데, 당시 독일 사회 전체가 인종차별주의에 동조하는 분위기였다고 한다.

아이히만이 체포되었을 당시 사람들은 그가 포악한 성정을 가진 악인일 것이라고 추측했다. 그러나 반대로 지극히 평범하고 가정적인 사람이라는 사실에 충격을 받았다. 아이히만을 검진한 정신과 의사들 역시 아이히만이 지극히 '정상'이어서 오히려 자신들이 이상해진 것 같다고 말할 정도였다. 재판 과정에서 아이히만은 임무를 수행하는 과정에서 유태인에 대한 죄책감을 느끼지 못했고 오히려 월급을 받으면서 일을 제대로 하지 못하면 양심의 가책을 느꼈을 것이라고 진술했다. 그는 내적인 갈등 없이 관료주의의 효율을 위해 기술적으로 임무를 수행한 것이다.

2014년 윤 일병이 선임병들에게 한 달 동안 폭행과 가혹 행위를 당해 사망한 사건도 이에 해당한다. 당시 초급 간부였던 유 하사는 가혹 행위를 방관했을 뿐만 아니라 오히려 폭행에 가담했다. 또한 선임병의 지시를 받은 이 일병은 폭행에 동조하고 증거인멸을 시도했다. 이 사건이 외부로 알려진 후 폭행의 주범이었던 이모 병장이 평소 조용하고 얌전한 성격이었다는 주장이 있어 더 화제가 되기도 했다. 상명하복의 문화가 존재하는 군대에서 선임의 반인륜적인 지시에 옳고 그름을 따지지 않고 무조건 따르기 시작하면 누구나 쉽게 '악의 평범성'에 빠질 수 있다.

1961년 미국 예일 대학의 심리학과 교수 스탠리 밀그램Stanley Milgram이 실시한 실험은 평범한 사람들이 어떻게 권위에 대해 복종하게 되는가를 보여 주었다. 밀그램은 교사 역할의 피험자에게 학생들이 단어 암기 과제에서 틀릴 때마다 정신을 차리고 학습을 잘할 수 있도록 한 번에 15볼트씩 전기 충격을 주도록 지시했다. 학생 역할은 배우가 맡아 전기 충격을 받는 것처럼 연기를 했는데, 놀랍게도 피험자의 65퍼센트가 최고 450볼트까지 전압을 올린 것으로 나타나 충격을 주었다. 즉 굉장히 설득력 있는 지시가 주어지면 이성적인 사람이라도 도덕적인 측면을 무시하고 명령에 따라 얼마든지 가학 행위를 저지를 가능성이 있다는 것이다.

057

암묵지

Tacit knowledge, 暗默知

학습과 경험으로 체화되어 겉으로는 드러나지 않는 지식이나 노하우Know-how를 가리킨다. 흔히 언어로 표현되지 않은 지식을 의미한다.

영국의 철학자 마이클 폴라니Michael Polanyi가 그의 저서 『개인적 지식Personal Knowledge』에서 처음 언급했다. 폴라니는 개인이 가지고 있는 지식을 '명시적 지식Explicit Knowledge'과 '암묵적 지식Tacit Knowledge'으로 분류했다. 암묵적 지식은 공유되기 어려운 노하우이자 드러나지 않는 지식으로 "우리는 말할 수 있는 것 이상을 알고 있다"고 언급했다. 일례로 우리는 자전거 타는 방법을 한 번 배우면 절대 잊어버리지 않지만, 다른 사람이 자전거를 바로 탈 수 있도록 알려 줄 수는 없다.

명시지明示知 혹은 형식지形式知는 문서나 매뉴얼 등을 통해 여러 사람에게 공유될 수 있는 지식을 의미한다.

즉 물에 잠겨 보이지 않는 빙하의 아랫부분은 암묵지, 빙하의 윗부분은 형식지(명시지)라고 할 수 있다.

과학기술자 해리 콜린스Harry M. Collins는 암묵지의 중요성을 TEA 레이저Transversely Excited Atmospheric lasers 실험 전파 과정을 통해 발견했다. 캐나다 국방 연구 실험실은 TEA 레이저를 개발하고 실험 설계도를 다른 연구소에 공개했다. 어떤 연구소는 이 설계도 문서에만 의존해서 레이저 복제를 시도했다.

또 어떤 연구소는 설계도를 받는 것에 그치지 않고 실험실을 방문하거나 전화로 기술을 습득했다. 그 결과, 실험실을 방문하고 전화를 통해 직접적인 접촉을 해서 기술을 습득한 연구소들만 복제 실험에 성공했다.

결과적으로 명시적(형식적) 지식(설계도 문서)과 암묵적 지식(실험을 직접 몸으로 체득)이 합쳐졌을 때에만 복제가 가능했다.

058

앨리스 증후군

Alice in wonderland syndrome

지각된 사물이나 자신의 몸의 크기를 실제와 다르게 느끼고, 여러 가지 주관적인 이미지의 변용을 일으킨다. 심한 경우 사물을 있는 그대로 인식하지 못하고 왜곡하여 바라보는 증상을 보일 수 있다.

1955년 영국의 정신과의사 J. 토드J. Todd가 논문에서 언급했다. 『이상한 나라의 앨리스』는 저자 루이스 캐럴Lewis Carroll이 크라이스트 칼리지 학장의 딸인 앨리스 리델Alice Liddell에게 들려주었던 이야기를 동화책으로 펴낸 것이다. 주인공 앨리스는 토끼 굴에서 말하는 토끼와 만나 환상적이고 기묘한 모험을 한다. 이 과정에서 앨리스는 몸이 커지거나 작아지는 경험을 한다. 이와

루이스 캐럴

같이 앨리스 증후군은 신체나 물체가 왜곡되어 보이는 것 외에 동화 속에서나 일어날 법한 환각적인 꿈을 꾸거나 공중 부양을 하는 듯한 경험을 하고, 공간이나 시간까지 왜곡되어 보이는 현상을 말한다.

앨리스 증후군은 아동기에 주로 나타나는데, 청소년기에는 극복되는 경우가 많다. 앨리스 증후군을 겪는 사람들은 공통적으로 편두통이 심한데, 루이스 캐럴 또한 심한 편두통을 앓았다고 한다. 그래서 작가가 편두통을 앓을 때 겪은 환각을 동화로 썼다는 추측도 있다. 앨리스 증후군은 토드가 자신의 논문에서 언급한 것에서 유래되었으므로 '토드 증후군Todd syndrome'이라고도 한다.

동화 속에서 앨리스는 자기 몸이 커지는 기묘한 경험을 한다.

지각된 사물이나 자신의 몸의 크기를 실제와 다르게 인식하고, 여러 가지 주관적인 이미지의 변용을 일으킨다. 사물을 있는 그대로 인식하지 못하고 왜곡하여 바라보는 것이다. 의학석 원인은 성확하게 밝혀지지 않았으나 뇌의 측두엽에 이상이 생겨 시각 정보를 받아들이는 과정에 문제가 발생한다고 추측되고 있으며 또한 수면 부족도 한 원인이 될 수 있다.

한국 영화 〈더 웹툰: 예고살인〉에서는 주인공이 그린 웹툰의 내용대로 살인 사건이 일어난다. 주인공 지윤은 전작인 공포 웹툰이 성공하여 누리꾼 사이에 교주로 선망받는다. 그러나 지윤은 차기작에 대한 부담으로 환영을 보기도 하고 현실과 웹툰 속의 환상을 구분하지 못하는 증상을 보인다. 정신과 의사는 이런 지윤에게 앨리스 증후군을 앓고 있다는 진단을 내린다. 단, 이러한 진단이 앨리스 증후군이 심한 경우 보일 수 있는 증상(망상 혹은 환각)을 기초로 한 것으로 보이지만, 앨리스 증후군 그 자체를 '현실과 환상을 구분하지 못하는 정신착란'과 바로 동일시하는 것은 바람직하지 않다.

059

앵커링 효과

Anchoring effect

배가 닻anchor을 내리면 닻과 배를 연결한 밧줄의 범위 내에서만 움직일 수 있듯이 처음에 인상적이었던 숫자나 사물이 기준점이 되어 판단에 왜곡을 일으키고 편파적인 영향을 미치는 현상이다. 닻내림 효과 또는 정박 효과라고도 한다.

관련용어 초두 효과

심리학자이자 행동 경제학자인 대니얼 카너먼 Daniel Kahneman과 심리학자 에이머스 트버스키 Amos Tversky가 실험을 통해 증명한 효과다.

대니얼 카너먼

피험자들은 1부터 100까지 있는 행운의 바퀴를 돌려서 나온 숫자가 '유엔에 가입한 아프리카 국가의 비율'보다 많은지 적은지 추측해 보라는 다소 생소한 질문을 받았다. 예를 들어 숫자 20이 나왔다면 아프리카 국가의 비율이 20보다 많은지 혹은 적은지 추측해 보라는 요청이었다.

피험자들은 대부분 행운의 바퀴를 돌려 우연히 나온 숫자와 비슷한 수치로 질문에 답했다. 행운의 바퀴가 80을 가리키면 아프리카 국가의 비율은 70~90 사이라고 응답했던 것이다. 이 수치는 실제 아프리카 국가의 비율과는 전혀 상관이 없고, 참가자들은 우연히 나온 숫자에 영향을 받아 답했을 뿐이다.

앵커링 효과는 쇼핑, 비즈니스 상황, 주식거래, 학생 평가 등 매우 광

범위하게 일어나는 현상이다. 대형마트는 품목별로 다양하게 30퍼센트, 50퍼센트 등의 할인을 해 주고 '원 플러스 원'과 '덤 증정' 같은 이벤트를 계속 진행한다. 기존 가격을 아는 상태에서 할인된 가격으로 물건을 구입하면 구매자는 합리적인 소비를 했다고 생각하기 쉽기 때문에 이와 같은 방법으로 소비를 부추기는 것이다.

비즈니스 파트너와 협상을 할 때도 먼저 가격 제시를 하는 사람에게 유리한 방향으로 조율될 가능성이 높다. 먼저 제시한 협상 가격이 기준이 되기 때문에 일부러 더 높은 가격을 불러서 상대방을 자극하는 방식이다. 상대방은 손해 보지 않는 장사를 하려고 높게 책정된 가격을 깎아서 비즈니스를 진행하게 된다.

특정 학생의 과거 성적은 교수가 그 학생의 새로운 수행 점수를 평가할 때도 기준점(닻)으로 작용한다.

낯가림이 심한 사람이 사회생활을 하는 데 어려움을 느끼고 있다면 앵커링 효과를 떠올리는 것도 좋은 방법이다. 모르는 사람이 많은 모임에 갔을 때 가족들과 보냈던 편안한 시간을 먼저 떠올려 보는 식으로

점차 대인관계의 어려움을 해소해 나갈 수 있다.

먼저 제시된 정보가 추후 알게 된 정보보다 더 강력한 영향을 미치는 현상을 '초두 효과Primacy effect'라고 한다. 이는 앵커링 효과와 유사한 개념이다. 사람에 대한 평가에 첫인상이 중요하다는 의미로 '첫인상 효과'라고도 한다.

060

에펠탑 효과

Eiffel Tower effect

처음에는 싫어하거나 무관심했지만 대상에 반복적으로 노출될수록 호감도가 증가하는 현상이다.

한마디로 자주 보면 정들고, 정들면 좋아지게 마련인 것이다. 에펠탑 효과는 '단순노출 효과Mere exposure effect'라고도 한다.

1889년 프랑스 대혁명 100주년과 파리만국박람회를 기념하기 위하여 알렉상드르 귀스타브 에펠Alexandre Gustave Eiffel이 건립한 에펠탑은 건립 계획이 발표되었을 당시 파리의 많은 예술가들과 시민들의 반대에 부딪혔다. 고풍스러운 고딕 건물로 이루어진 도시에 무게 7,000톤, 높이 320미터나 되는 철골 구조물은 천박하다고 여겨졌기 때문이다. 프랑스의 대문호 기 드 모파상Guy de Maupassant은 종종 에펠탑에 있는 레스토랑에서 식사를 했다. 아이러니하게도 그 장소가 에펠탑이 보이지 않는 '유일한' 곳이었기 때문이다. 애초 20년만 유지하기로 했던 에펠탑은 1909년 해체될 위기를 겪는다. 그러나 무선 전신 전화의 안테나로 이용하면서 철거 위기를 넘겼고, 시간이 흐르면서 파리의 명물이 되었다. 현재는 프랑스 사람들의 자랑거리로, 전 세계 수많은 관광객들이 에펠탑을 찾는다.

미국의 사회심리학자 로버트 자이언스Robert B. Zajonc가 관련 실험을 하고 에펠탑 효과로 명명했다. 자이언스는 학생들에게 12장의 얼굴 사진을 조건에 따라 보여 주고 얼마나 호감을 느끼는지를 측정했다. 사진을 보여 주는 횟수가 늘어날 때마다 호감도가 증가했다. 사람은 낯선 사람을 대할 때 다소 공격적인 측면이 나타나지만, 그 사람을 자주 만날수록 상대방에 대해 인간적인 면을 느끼게 되고 호감으로 발전한다.

광고에서도 에펠탑 효과(단순노출 효과)를 이용한다. 제품을 소비자에게 계속 보여 줌으로써 브랜드의 인지도와 호감도를 높이려는 목적이다.

화장지와 같은 일용품, 간단한 식료품은 잘못 구매해도 가격에 대한 위험 요소가 크지 않다. 따라서 광고에서는 제품의 특성을 설명하기보다는 자주 반복적으로 보여 줌으로써 친근감을 형성해 소비자가 익숙한 브랜드를 구매하게 만든다.

단순노출 효과는 긍정적인 이미지 측면으로만 적용되는 것은 아니다. 선정성 논란이 있는 걸그룹을 지속적으로 대중에 노출시키는 '노이즈 마케팅Noise marketing'의 경우에도 인지도나 수익이 올라가는 경우가 있다. 정부는 언론에서 특정 정책이나 현안을 반복적으로 노출시킴으로써 대중을 설득하는 데 이용한다. 드라마에서는 특정 상품을 PPL(간접광고의 일종)로 반복해서 보여 줌으로써 시청자의 구매를 유도한다. 그러나 지나치게 특정 상품을 자주 보여 주다 보면 시청자는 반대로 거부감을 느낄 수 있다. 어느 정도의 반복이 효과적인지는 사람마다 다르기 때문이다. 또한 특정 사안을 계속해서 언론에 노출시키면 오히려 언론 플레이로 여론을 호도한다고 오해받을 수도 있다.

061

오셀로 증후군

Othello syndrome

명확한 증거 없이 배우자의 불륜을 의심하고, 이 때문에 자신이 피해를 입고 있다고 생각하는 증상이다.

일반적으로 의처증이나 의부증으로 잘 알려져 있으며, 이 증상이 심해지면 성적性的으로 배우자가 부정하다는 증거를 찾으려고 억지를 부리기도 한다. 비이성적으로 생각한다는 면에서 '부정 망상Infidelity delusion'이라고도 불린다.

영국의 극작가 셰익스피어의 4대 비극 중 하나인 〈오셀로Othello〉에서 유래한다. 주인공 오셀로는 흑인이라는 태생적 한계를 극복하고 베니스의 장군이 된 인물이다. 베니스 공화국의 원로 브라반쇼의 딸 데스데모나는 오셀로를 사랑하게 되어 아버지의 반대를 무릅쓰고 그와 결혼한다. 오셀로의 신임을 받던 기수旗手 이아고는 본인이 갈망하던 부관의 자리를 캐시오에게 빼앗기자 음모를 꾸민다. 이아고는 오셀로에게 캐시오

1884년 상연된
연극 〈오셀로〉의 포스터

와 데스데모나가 밀통하고 있다는 이야기를 흘린 뒤 이를 믿게 만들려고 가짜 증거까지 만든다. 질투에 눈이 먼 오셀로는 갖은 망상에 시달리다 결국 아내를 죽이고 만다. 캐시오의 아내 에밀리아가 사건의 진실을 밝히자 오셀로는 자책감에 시달려 결국 자살을 선택한다.

의처증, 의부증이 있는 사람들 중에는 성격적으로 편집증 증상을 가진 사람이 많다. 이들은 어렸을 때부터 까다롭고 지나치게 꼼꼼하여 기억력이 좋고 항상 다른 사람의 태도를 과장해서 생각하는 경향이 있다.

배우자가 곁에 있어야만 안심이 되는 사람, 질투와 독점력이 강한 사람들이 상대방을 쉽게 의심한다. 또한 배우자가 외도를 하고 있다는 생각에서 벗어나지 못하고 그들에게 대가를 치르게 해야 한다고 믿는다.

배우자에 대해 열등감이 있거나 자존감이 낮을 때 이런 망상이 나타나기 쉽다. 부정한 행동을 한 증거가 없음에도 불구하고 배우자의 정조를 의심할 만한 증거를 찾기 위해 애쓴다. 편집증이 있는 부모나 지배적인 성향이 강한 부모 밑에서 자란 이들에게서도 많이 나타나는 것으로 알려졌다.

배우자에게만 집착하고 다른 문제에 관해서는 정상적인 행동을 보이는 경우가 많아 사랑이 지나친 것이라고 보는 경향도 있다. 그러나 의처증, 의부증은 명확한 증거도 없이 상대방을 의심하는 망상장애의 일종이다. 따라서 다른 정신 질환보다 치료 시기가 늦어지는 경우가 많은데, 계속 방치하면 의사까지 의심할 수 있다. 항정신성 약물치료를 병행하면서 당사자가 왜 그런 망상을 가지게 되었는지 분석하는 정신과 치료가 필요하다. 가족 치료, 부부 치료를 하는 경우가 일반적이지만 당사자의 불신이 깊은 경우가 많아서 실제로 치료가 어려운 병으로 분류되고 있다.

062

오이디푸스 콤플렉스

Oedipus complex

아들이 동성인 아버지에게는 적대적이지만 이성인 어머니에게는 호의적이며 무의식적으로 성적性的 애착을 가지는 복합 감정이다.

정신분석에서는 어머니에 대한 아들의 성적 애착이 아버지가 갖는 욕망을 모방하는 것이며, 정신 발달의 중요한 전환점으로 본다.

그리스 신화 오이디푸스 Oedipus 이야기에서 유래한 다. 테베Thebes의 왕 라이오 스Laius는 새로 태어나는 왕 자가 장성하면 자신의 생명 을 위협할 것이라는 신탁을 받는다. 이에 라이오스 왕은 어느 양치기에게 자신의 아 들을 맡기고는 죽이라고 명 한다. 그러나 양치기는 가여 운 마음에 아기를 죽이지 못 하고 다리를 묶어 나무에 매 달아 놓는다. 이를 발견한 농부가 아기를 지주地主 부부

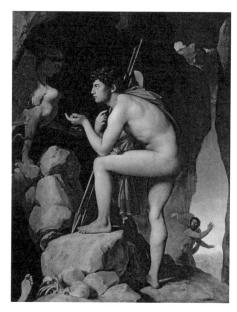

오이디푸스와 스핑크스
장 오귀스트 도미니크 앵그르, 1808~1827년

에게 데려간다. 부부는 아기를 양자로 들이고 '오이디푸스(부은 발이라 는 뜻)'라는 이름을 지어 준다. 후에 라이오스 왕과 마주친 오이디푸스 는 그가 자신의 친아버지라는 것을 모르고 죽이게 된다. 괴물 스핑크스 의 수수께끼를 푼 오이디푸스는 왕으로 추대되고 선왕비先王妃 이오카스 테Iocaste와 결혼하게 된다. 결국 오이디푸스는 자기도 모르게 친아버지 를 살해한 자식, 친어머니의 남편이 된 것이다. 오랜 시간이 흘러 진실 을 알게 된 이오카스테는 스스로 목숨을 끊고 오이디푸스는 자신의 두 눈을 찔러 실명한 뒤 방랑길에 오른다.

오스트리아의 정신과 의사 지그문트 프로이트Sigmund Freud는 남자아이가 아버지를 제거하고 어머니를 독차지하려는 경향이 남근기phallic stage(4~6세)에 분명하게 드러나며, 잠복기latency stage(6~12세)가 되면 다시 억압된다고 주장했다. 아이는 어머니의 사랑을 쟁취하기 위해 아버지와 같은 위치에 서고 싶어 한다. 그러나 자신보다 몸집도 크고 절대적인 존재인 아버

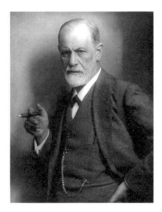

지그문트 프로이트

지에게 열등감과 좌절감을 느낄 뿐이다. 위협을 느낀 아이는 어머니에 대한 독점욕을 양보하고 아버지라는 존재를 수용함으로써 타협한다.

이 타협으로 오이디푸스 콤플렉스는 극복되고 부모의 인정을 받는 사회 구성원의 하나로 거듭나게 된다. 프로이트는 이 개념이 정신분석학에서 모든 신경증의 원형이기 때문에 일반적으로 신경증 환자는 오이디푸스 콤플렉스의 극복에 실패한 사람이라고 주장했다.

여자아이가 아버지에게 강한 애정을 가지고 어머니에게 경쟁의식

을 느끼는 것을 '엘렉트라 콤플렉스Electra complex'라고 한다. 그리스 신화에서 아가멤논의 딸 엘렉트라가 아버지를 죽인 어머니에게 복수한다는 이야기에서 비롯되었다. 이 개념은 프로이트의 이론에 근거하여 1913년 스위스의 정신의학자 카를 융이 소개했다. 그러나 프로이트 학파의 정신분석학에서는 남녀 모두에게 오이디푸스 콤플렉스를 적용하며, 엘렉트라 콤

칼 융

플렉스라는 명칭과 개념은 불필요한 것이라고 주장하고 있다.

063

웨스터마크 효과

Westermark effect

유아기부터 오랜 시간 함께 자란 남녀는 서로를 잘 알고 있기에 서로에게 성적
性的 매력을 느끼지 못한다는 이론이다.

근친혼이 매우 적은 이유를 설명하는 이론 중의 하나로, 근친혼이 있다고 하더라도 대부분 어린 시절에 헤어졌다가 성인이 되어 다시 만난 사례들이 많다. 동물들도 이례적인 경우에만 근친교배를 한다.

1891년 핀란드 출신의 사회학자 에드워드 웨스터마크Edward A. Westermark가 그의 저서 『인간 결혼의 역사』를 통해 주창한 가설이다. 인간은 천성적으로 가까운 친족과의 육체적 관계를 혐오하기 때문에 어린 시절부터 같이 자란 남매가 성인이 되었을 때 함께 자는 것을 본능적으로 싫어한다고 주장했다.

웨스터마크

반면 정신분석학자 프로이트Sigmund Freud는 인간이 근친상간에 끌리는 것은 당연한 것이지만 '터부Taboo'의 형식을 빌려 사회문화적으로 금지하는 것뿐이라고 반박했다. 또한 폴란드 태생의 영국 인류학자 말리놉스키Malinowski는 형제자매를 포함한 가족 간의 성적 결합은 가족의 분열을 조장하기 때문에 금지되었다는 '가족 분열 이론'을 제기한 바 있다. 이러한 이론들로 인해 웨스터마크의 이론이 약화되는 듯했으나 여러 후속 연구 결과를 통해 최근 가장 많은 지지를 받고 있다.

1970년대 초반 인류학자 조셉 쉐퍼Joseph Shepher는 남녀 아이들이 어린 시절부터 함께 공동 보육시설에서 자라는 이스라엘의 키부츠에 대해 연구를 진행했다. 이미 결혼한 키부츠 출신의 남녀 약 2,769쌍을 분석한 결과, 어린 시절을 같은 키부츠에서 보낸 부부는 13쌍밖에 없었고 그중 6세 이전에 함께 지냈던 부부는 한 쌍도 없었다고 한다. 대부분은 각기 다른 키부츠 출신끼리 결혼하는 경우가 많았다. 이를 통해 6세까지가 성적 선호도를 결정하는 가장 중요한 시기라는 점이 제안되었다.

1990년대 초반 중국학자 아서 울프Arthur P. Wolf는 민며느리제로 결혼한 대만 부부 132쌍을 20년간 연구했다. 민며느리제란 여자아이가 생후 30개월 이전에 입양되어 남자 쪽 집안과 가족처럼 지내다가 성인이 되면 그 집 아들과 결혼하는 것이다.

민며느리 방식으로 결혼한 부부들은 일반 부부에 비해 이혼율이 세배, 아내의 외도는 두 배 이상 높았다. 그들은 일반 부부의 평균보다 40퍼센트 정도 적은 수의 자녀를 낳았다. 이는 30개월 이전에 남녀가 같은 집에서 양육되면 서로에게 성적 관심을 갖지 않음을 보여 준다.

웨스터마크 효과가 근친상간 금기의 기원에 대한 최종적인 정답은 아니다. 문화적 차원과 개인적인 차원에서 많은 예외가 존재한다. 민며느리가 남편에 대한 성적 반감을 극복하고 성공적인 결혼 생활을 이룬 사례도 많기 때문이다. 게다가 관찰 시간도 오래 걸리므로 이 이론을 증명하기 위한 실험은 많은 난점이 있다.

064

인지 부조화 이론

Cognitive dissonance theory

개인의 신념, 태도, 행동 간의 불일치 혹은 부조화 상태가 발생하면 불편감이 생기게 되고, 이를 해소하기 위해 기존의 태도나 행동을 바꾸게 된다는 이론이다.

이솝우화의 〈여우와 포도〉는 인지 부조화 이론을 쉽게 설명할 수 있는 좋은 예다. 여우는 포도를 먹으려고 애썼는데 먹을 수 없자 포도의 상태를 좋지 않게 평가함으로써 심리적 부조화를 줄이려고 한 것이다. 이를 '신포도 심리'라고 한다.

문화에 따라 인지 부조화가 발생하는 맥락이 다를 수 있다. 일반적으로 개인주의 문화인 서양에서는 '개인을 위한 선택 상황'에서 더 큰 인지 부조화를 경험하는 반면, 관계가 중요한 동양의 집단주의 문화에서는 자신보다는 '상대방을 위한 선택 상황'에서 더 큰 인지부조화를 경험할 가능성이 높다.

미국의 심리학자 레온 페스팅거Leon Festinger가 1956년 공저로 출간한 『예언이 실패할 때When Prophesy Fails』와 1957년 단독으로 저술한 『인지 부조화 이론』에서 유래한다. 페스팅거의 이론에 의하면, 사람들이 의견을 형성하거나 태도에 영향을 끼치는 심리적 기제는 조화를 이루기 위해서가 아니라 부조화를 줄이기 위한 것이라고 한다. 어떤 믿음에 대한 생각을 고쳐 심리적 조화를 이루려고 하기보다는 믿음에 반反하는 증거를 부인함으로써 부조화를 없애려고 한다는 것이다.

1957년 레온 페스팅거는 학생들에게 실패에 실을 감는 지루한 과제를 한 시간 동안 하게 한 후 이 실험이 재미있다는 소문을 내 달라고 요청했다. 그 대가로 A집단에게는 20달러를, B집단에게는 1달러를 주었다.

두 집단을 비교했을 때, 흥미롭게도 1달러를 받은 B집단이 20달러를 받은 A집단보다 그 실험이 더 재미있고 유익했다고 평가했다. 페스팅거는 이를 '인지 부조화'라고 불렀다.

B집단은 돈도 적게 받았는데 이 지루한 실험에 한 시간 동안이나 참여했다는 불편한 생각이나 감정(부조화)을 해소하기 위해 실험 자체가 재미있었다는 왜곡된 '합리화' 반응을 하게 된 것이다.

이에 반해 20달러를 받은 A집단은 실험이 지루했지만 한 시간에 20달러라는 충분한 돈을 받았으니까 불만이 없었고, 따라서 굳이 실험이 재미있었다는 왜곡 반응을 할 필요가 없었던 것이다.

소비자는 물건을 구매하기 전에도, 구매한 후에도 자신의 결정에 따른 많은 부조화를 경험하게 된다. 따라서 소비자의 부조화를 줄일 수 있는 메시지를 포함하여 광고를 만드는 것이 중요하다. 가령 고가의 물건을 구입하기 전에 망설이는 소비자를 위해 '당신은 성공한 사람이고 충분히 이 물건을 소유할 자격이 있다'는 메시지를 던져 고객의 선

택이 옳다는 것을 확인시켜 주는 것이 중요하다. 물건을 구입한 후에도 제품에 대한 기대와 성능이 일치하며 올바른 소비를 한 것이라고 재확인을 해 줘야 소비자의 인지 부조화가 감소하고 재구매율도 높아진다.

언젠가 담배를 끊으리라 다짐하면서도 계속해서 흡연을 하는 사람들을 쉽게 찾아볼 수 있다. 흡연자들은 담배를 끊는 것보다 담배를 피우는 행동을 정당화함으로써 인지 부조화를 해소하려고 한다. 흡연이 몸에 해롭다는 것을 알면서도 금연을 통해 자신의 행동을 고치는 것보다

스트레스 해소에 담배가 필요하다고 태도를 수정하는 것이 수월하기 때문이다.

065

임사체험

Near-Death experience, 臨死體驗

사람이 죽음에 이르렀다가 다시 살아난 체험을 말한다.

1970년대 레이몬드 무디Raymond Moody 2세와 엘리자베스 퀴블러-로스Elisabeth Kübler-Ross 등이 본격적인 연구를 시작했다. 신경생물학의 발달에 따라 현재 가장 지지받고 있는 이론은 '죽어 가는 뇌Dying brain'가설이다. 심장이 멈추면 뇌에 산소 공급이 끊기게 되는데, 이때 뇌는 한순간에 정지하지 않고 일부분 기능을 유지한다. 부위별로 죽어 가는 속도가 다르기 때문에, 완전히 죽지 않은 뇌가 이미 기능 정지 상태인 다른 뇌 부위를 인식하는 상태가 가능하다는 이론이다.

임사체험을 경험한 사람들에게는 개인차가 있지만 공통적인 경험을 보고하기도 한다. 의사의 사망 선고가 들리며, 이때 물리적 육체와 분리되어 이 상황을 지켜보게 된다. 어두운 터널과 같은 공간을 지나거나 밝은 빛이 비추는 등 현실과 다른 공간을 경험한다. 작고한 가족이나 친지를 만나거나, 예수나 석가와 같은 종교 지도자를 만나는 경험을 하기도 한다.

임사체험에 대한 견해는 엇갈린다. 경험하는 사람의 과거 기억이 투영된 것인지, 혹은 설명하기 어려운 경험을 꿈을 해몽하듯이 주관적으

로 해석한 것으로 볼 것인지, 아니면 모든 사람들에게 공통적인 영적인 체험으로 볼 것인지 말이다.

유체이탈은 임사체험자들이 흔히 보고하는 경험이다. 영혼이 신체를 빠져나온 상태를 자각하는 경험을 의미한다. 영혼이 빠져나온다는 점은 임사체험과 유사하나 사후 세계와 관련된 장소에 다다르지 못한다는 점에서 다소 차이가 있다.

066

자각몽

Lucid dream, 自覺夢

자고 있는 사람이 스스로 꿈이라는 것을 자각하면서 꾸는 꿈을 말한다. 한마디로 의식이 뚜렷한 꿈이라고 할 수 있다.

1913년 네덜란드의 정신과 의사이자 작가였던 에덴Frederik van Eeden이 처음 사용한 용어다. 자신만의 세상을 창조하거나, 본인이 상상하는 대로 펼쳐지는 새로운 '꿈 세계'에서 색다른 경험을 해 볼 수 있다는 것이 자각몽의 특징이다.

에덴

미국의 실험심리학자 라버지Stephen LaBerge도 2004년에 쓴 그의 저서 『루시드 드리밍Lucid dreaming』을 통해 자각몽에 대해 언급했다. 라버지는 자각몽이 창조적 영감과 풍부한 통찰을 촉진하고, 스트레스 완화와 정서적 치유에 도움이 된다고 주장했다.

옛 중국의 사상가 장자의 호접몽胡蝶夢도 일종의 자각몽이다. 장자는 꿈에 나비가 되어 즐겁게 놀았는데, 잠에서 깬 뒤 자신이 꿈에서 나비였던 기억이 너무도 생생해 '나'라는 개념이 모호해지는 경험을 했다고 한다.

자각몽을 꾸는 데 도움이 되는 스마트폰 애플리케이션이 개발되기도 하고, 서로의 자각몽 경험을 공유하는 동호회도 늘어나는 추세다. 자각몽을 꾸기 위한 가장 기초적인 방법은 다음과 같다. 자각몽을 꾸기 위한 충분한 동기가 필요하다. 동기가 없으면 집중력이 흐트러진다. 꿈에

서 깨자마자 꿈 일기를 꾸준히 기록한다. 꿈 일기로 꿈 세계를 이해할 수 있다. 자각몽을 꿀 수 있는 가장 좋은 시간을 체크한다. 자신의 수면 스케줄을 알면 쉽게 자각몽을 꿀 수 있게 된다.

꿈에서 원하는 것을 마음대로 해 볼 수 있으므로 자각몽은 스트레스 해소 창구나 예술적 영감을 얻는 원천이 될 수도 있다. 그러나 현실도 피 수단으로 남용될 위험도 있다. 또한 자각몽에 빠져 충분한 수면을 취하지 못한다면 건강에 무리가 올 수도 있다.

자각몽에 관한 영화로는 크리스토퍼 놀란Christopher Nolan 감독의 영화 〈인셉션Inception〉이 있다. 놀란은 자각몽에서 영감을 받아 영화를 제작 했는데, 등장인물들이 자기 꿈을 스스로 설계하는 모습이 생생하게 펼 쳐진다.

067

자이가르닉 효과

Zeigarnik effect

마치지 못한 일을 마음속에서 쉽게 지우지 못하는 현상이다.

어떤 일이 완결되지 않으면 긴장이나 불편한 마음이 지속되어 잔상이 오래 남을 수 있다. 대표적인 예로 첫사랑을 쉽게 잊지 못하는 것을 들 수 있다.

레스토랑에 앉아 식사를 기다리던 러시아의 심리학자 자이가르닉 Bluma Zeigarnik은 웨이터들이 어떻게 수많은 주문을 헷갈리지 않는지 궁금해졌다. 자이가르닉은 계산을 마친 후 웨이터에게 자신이 주문한 메뉴가 무엇이었는지 기억하느냐고 물었다. 웨이터는 전혀 기억이 나지 않는다고 말했다. 주문이 끝난 뒤에는 그것을 잊어버린 것이다. 주문 처리 전, 즉 일을 완결하기 전에는 주문 내용을 계속 기억하려고 하지만, 주문이 끝나면 기억할 필요가 없어지기 때문에 기억하지 못하는 것이다.

그러면 일을 끝마친 집단과 일을 끝마치지 못하도록 방해받은 집단의 기억의 정도는 어떨까? 자이가르닉은 이 현상을 토대로 실험을 진행했다. 참가자 164명을 A, B 두 집단으로 나누어 간단한 과제를 주었다. A집단은 과제를 수행할 때 아무런 방해를 하지 않았다.

B집단은 과제를 도중에 중단시키거나 다른 과제로 넘어가도록 했다.

실험을 하고 난 뒤 B집단은 A집단보다 과제를 두 배 이상 기억했다.

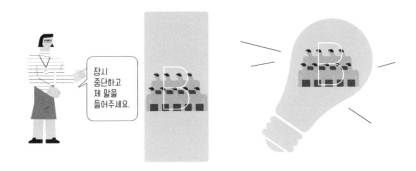

B집단이 기억해 낸 과제 중 68퍼센트는 중간에 그만둔 과제였다. 끝까지 완수한 과제를 기억해 낸 비율은 32퍼센트에 그쳤다. 즉 완결된 문제보다 완결되지 않는 문제에 대한 기억이 남아 있는 것이다.

끔찍한 재난이나 심리적 외상trauma을 겪은 사람은 큰 심리적 충격을 받는다. 따라서 그 사건에 대한 기억이 완결되지 않아 그 일이 반복되어 일어나는 듯한 재경험flashback을 하게 된다. 완결되지 않는 지난 기억에 의해 정신적 아픔을 겪는다는 면에서 일종의 자이가르닉 효과라고 말할 수 있다.

텔레비전 방송에서 드라마는 아주 극적인 장면에서 끝나는 경향이 있다. 미완결된 드라마를 완결시켜야 한다는 생각을 시청자의 머릿속에 주입해 다음 회차 시청률을 상승시키려는 의도다. 여기에도 자이가르닉 효과를 이용하려는 의도가 숨어 있는 것이다.

068

점화 효과

Priming effect

먼저 제시된 점화 단어Priming word가 나중에 제시된 표적 단어Target word의 해석에 영향을 미치는 현상이다.

점화 효과가 일어나는 이유는 암묵적 기억Implicit memory 혹은 내현 기억이 작용하여 의식적으로는 기억할 수 없으나 수행에 영향을 미치기 때문이다. 점화 효과는 단어에만 국한되는 것은 아니다. 무의식적으로 행동이나 감정에도 영향을 끼친다. 스스로 인식하지 못한 상태에서 먼저 경험했던 어떠한 것이 다음에 할 행동에 영향을 끼칠 수 있다는 것이다.

점화 효과에는 정적 점화 효과와 부적 점화 효과가 있다. 정적 점화 효과는 선택적 주의를 통해 이전에 경험했던 단서에 대해서 반응 속도가 빨라지는 것을 의미한다. 반면 부적 점화 효과는 이전에 억제했던 단서에 대해서 반응 속도가 느려지는 것을 의미한다.

가령 초록 그림과 빨간 그림이 놓인 상황에서 초록 그림에 주의를 기울이고 빨간 그림은 주의를 억제했다면, 후에 초록 그림을 보았을 때 정적 점화 효과로 반응 속도가 빨라질 것이다. 반대로 빨간 그림은 부적 점화 효과로 반응 속도가 느려진다.

1971년 데이비드 마이어David Meyer와 로저 쉬바네벨트Roger Schvaneveldt를 통해 점화에 대한 연구가 본격적으로 이루어졌다. 마이어와 쉬바네벨트는 단어의 어휘를 판단하는 과제에서 두 가지 연구를 수행했다. 첫째는 표적과 관계없는 단어를 먼저 보여 준 뒤 표적 단어 보여 주기, 둘째는 표적과 밀접한 관계가 있는 단어를 먼저 보여 준 뒤 표적 단어 보여 주기였다. 연구 결과, 전자보다 후자의 경우에 반응 시간이 훨씬 더 빠른 것으로 나타났다. 여기서 점화는 뇌가 특정한 방식으로 반응하도록 준비하는 과정인데 기억에 저장된 생각을 무의식적으로 활성화한다. 예를 들어, 사람들에게 table이라는 단어를 먼저 보여 준 뒤에 tab를 보여 주고 그다음을 채우게 하면 table이라고 대답할 확률이 높아

진다.

사회심리학자 존 바그John Bargh와 동료들은 뉴욕 대학의 재학생들에게 다섯 단어를 조합해서 네 단어로 된 문장을 만들어 보라고 했다. 한 집단의 학생들은 '근심하는, 늙은, 회색의, 감상적인, 현명한, 은퇴한, 주름진, 빙고게임' 등 노인을 묘사한 단어 묶음을 받았다. 실험을 마친 뒤, 연구원들은 학생들이 복도의 한쪽 끝에서 다른 쪽 끝으로 이동하는 데 걸리는 시간을 몰래 측정했다.

그러자 놀랍게도 노인을 묘사하는 단어로 문장을 만든 학생들은 그렇지 않은 학생들보다 훨씬 더 천천히 복도를 걸어갔다. 이 학생들은 자신에게 주어진 단어가 노인과 관련된 것이라는 것을 무의식적으로 인식했고, 자기도 모르게 '천천히 걷는다'라는 개념을 행동에도 적용한 것이다.

코카콜라는 '뉴스 후 광고 금지'라는 정책을 고수하고 있다. 뉴스는 사회적으로 심각하고 부정적인 일을 많이 보도하기 때문에 프로그램이 끝나면 시청자들도 무겁고 심각한 심리 상태에 놓이게 된다. 게다가 콜라는 탄산음료로서 당분이 높아 제품 자체가 부정적인 이미지를 가지고 있다. 이미 부정적인 내용을 본 시청자들이 코카콜라 광고를 보면 더욱더 거부감을 가질 수 있기 때문에 뉴스 후에는 광고를 하지 않게 되었다.

어떤 드라마가 끝나고 바로 그 드라마의 주인공이 등장하는 광고가 나온다면 소비자는 드라마의 내용이나 주인공의 인기에 따라서 광고 해석을 달리할 수도 있다. 가령 가정적인 이미지를 가진 주인공이 가전 제품을 광고하면 소비자의 선호도는 더 높아진다. 이러한 이유로 악한 이미지를 가진 배역은 아예 모델로서 고려되지 않는 것이다.

상대하기 싫은 사람을 어쩔 수 없이 만나야 할 때 점화 효과를 이용할 수 있다. '편안하다, 유쾌하다, 예의 바르다' 등의 긍정적인 단어를 계속 떠올리는 것이 도움이 된다. 이러한 단어들을 최대한 많이 말하며 점화를 시킨다면 상대방을 대하는 나의 태도가 조금은 긍정적으로 변할 수 있다.

069

죄수의 딜레마

Prisoner's dilemma

협력을 하면 두 사람 모두에게 이익이 됨에도 불구하고 배반을 선택해 이러지도
저러지도 못하는 상황을 말한다.

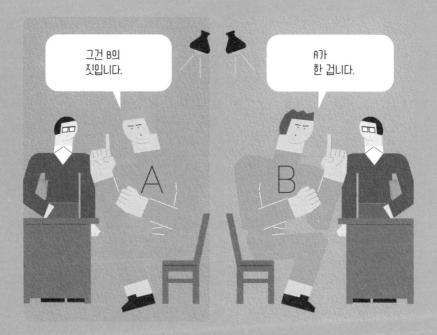

두 공범자 A, B가 함께 범죄 사실을 숨기면 둘 다 형량이 낮아질 수 있는데도, 상대방의 범죄 사실을 수사관에게 알려 주면 자신의 형량이 감경된다는 말에 혹해서 상대방의 범죄를 폭로함으로써 결국 둘 다 무거운 형량을 받게 되는 경우를 예로 들 수 있다. 두 죄수 모두 자신의 이익만을 고려한 선택을 했다가 공멸하는 결과를 맞이하는 것이다.

죄수의 딜레마는 1950년에 미국 랜드 연구소RAND corporation의 두 과학자 메릴 플러드Merrill Flood와 멜빈 드레셔Melvin Dresher가 시행한 게임 이론 연구에서 시작되었다. 후에 랜드의 고문 앨버트 터커Albert W. Tucker는 이 게임을 '죄수의 딜레마'로 명명하였다.

체포되더라도 절대 죄를 자백하지 않기로 약속한 A와 B가 체포되어 각자 심문을 받고 있다. 그들에게는 다음 세 가지 조건이 주어졌다.

- 두 죄수 모두 자백하지 않으면 각자 1년 형을 받는다.
- 둘 중 한 명만 자백하면 자백한 자는 석방되고, 자백하지 않은 자는 8년 형을 받게 된다.
- 둘 다 자백하면 각자 5년 형을 받는다.

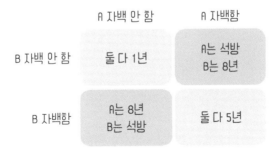

두 죄수 모두에게 유리한 선택은 함께 자백을 하지 않는 것이다. 그러나 상대가 자백할지 배신을 할지 알 수 없는 상황에서 두 사람이 협동할 수 있을지의 여부가 관건이다.

죄수의 딜레마를 연구하기 위한 실험에서 돈이나 점수를 걸고 게임을 진행하면 피험자들은 대부분 협동보다 경쟁을 택한다. 경쟁은 단기적으로 보면 이익이 된다. 그러나 장기적으로 보면 협동은 협동을 낳고 경쟁은 경쟁을 유발하기 때문에 경쟁을 선택하면 결국 손해만 입게 된다. 이처럼 비합리적인 결과에도 불구하고 경쟁을 더 빈번하게 택하게 되는 원인은 '상대가 배반할지도 모른다'는 의심과 걱정 때문이다.

070

줄리의 법칙

Jully's law

마음속으로 간절히 바라는 일은 예상치 못한 과정을 통해서라도 필연적으로 이루어진다는 법칙이다.

많은 사람들이 알고 있는 머피의 법칙Murphy's law은 일이 잘 풀리지 않고 계속 부정적인 사건만 일어나는 법칙이다. 반면 샐리의 법칙Sally's law은 우연히 운 좋은 일들만 연속해서 발생하는 현상을 의미한다.

줄리의 법칙은 성공과 행운은 인간의 간절한 바람과 의지에서 태어난다고 말한다. 운에 중점을 둔 머피의 법칙, 샐리의 법칙과는 달리 사람의 의지에 중점을 두고 있다.

머피의 법칙
우연하게
이어지는 불운

샐리의 법칙
우연하게
이어지는 행운

"자네가 무언가를 간절히 원하면 온 우주가 그 소망이 이루어지도록 도울 걸세. 누구나 간절히 원하면 이루어진다는 이 지구의 위대한 진리 때문이야."브라질 출신의 소설가 파울로 코엘료Paulo Coelho의 『연금술사』에 나오는 이 대사는 줄리의 법칙의 원리를 담고 있다.

그리워했던 첫사랑을 오랜 세월이 흐른 뒤 맞선 장소에서 만나는 것, 지갑을 잃어버린 뒤 계속 지갑에 대한 생각을 하다가 누군가로부터 지갑을 선물 받는 것 등이 줄리의 법칙 사례다. 줄리의 법칙은 우연한 발생이지만 결국 사람의 간절한 의지와 의도에 기반을 두고 있다.

2011년 중국에서 간 이식 수술을 받아야 할 아이가 기증자를 찾지 못하고 있었다. 그러던 중 그 아이의 엄마에게 다른 아이를 위해 이식 수술을 해 줄 수 있겠느냐는 제안이 들어왔다.

평소 자신의 아이를 살리고 싶은 소망이 컸던 엄마는, 다른 아이를

살리기 위해 이식 수술을 했다. 놀랍게도 간을 기증받은 그 아이의 엄마가 자신의 아이와 간이 일치한다는 것을 알게 되었다. 그리고 아이의 엄마에게 간을 기증받아 자신의 아이 역시 살리게 되었다.

아이를 살리고자 한 엄마의 간절한 소망과 따뜻한 마음씨가 줄리의 법칙과 같은 행운을 가져다준 것이다.

071

지적 장애

Intellectual disability

청년기|18세 이전에 시작되는 발달 장애로, 지능을 포함한 인지 능력과 심리적, 사회적 적응 능력이 부족하여 독립적인 일상생활이 어려운 상태를 말한다. 정신지체|Mental retardation 라고도 한다.

대개 IQ(지능지수)가 70 이하이며, 아주 심한 지적 장애의 경우는 IQ가 20에 달하는 경우도 있다. 지적 장애가 심각한 경우는 아주 단순한 의사소통만 가능한데, 신경학적 이상과 자해 행동이 자주 관찰된다.

지적 장애의 원인은 굉장히 다양하고 복잡하다. 사람에 따라 각각 발생 원인이 다양한데, 원인에 따라 장애의 정도에 있어서도 차이를 낳는다. 크게 분류해 보자면 유전적 원인과 출생 후의 환경적 원인으로 나눌 수 있다. 또한 이 두 가지가 섞인 복합적 원인인 경우도 있다. 유전적 원인이나 생물학적 원인으로는 염색체 이상, 유전자 이상, 선천성 대사 장애 등이 있고, 환경적 원인으로는 출산 시 감염 및 뇌 손상, 소아기 질병, 장기간의 아동학대 등이 있다.

보건복지부는 IQ와 적응 능력을 토대로 지적 장애의 등급을 판정하며, 3등급으로 분류한다. 지적 장애 판정을 위해서는 전문가의 정확한 진단이 요구된다. 1급은 IQ 34 이하로, 일상생활이 불가능하고 다른 사람의 도움이 필요한 상태다. 2급은 IQ 35 이상 49 이하로, 일상생활에서 단순한 행동은 가능하나 특수한 기술을 요하는 직업을 갖기에는 적절치 않은 상태다. 상대적으로 심각도가 가장 가벼운 3급은 IQ 50 이상 70 이하로, 교육을 받을 경우 사회생활 및 직업생활이 가능한 상태다.

1급 지적 장애

2급 지적 장애

3급 지적 장애

지적 장애는 치료보다는 예방이 중요하다. 예를 들면 출산 시 감염 예방, 위험 요인에 대한 조기 발견 등에 더 중점을 두어야 한다. 또한 지적 장애 자체에 대한 치료보다는 장애에 따른 합병증과 후유증, 발달 과 적응에 대한 치료가 먼저 이루어져야 한다. 지적 장애를 가진 아이 가 있는 가정에서는 장애를 부끄러워하고 숨기기보다는 따뜻한 사랑으 로 감싸야 한다. 더불어 주변에서도 애정 어린 관심을 보내야 한다. 지 적 장애 아이의 사회 적응 능력 발달에 큰 영향을 끼치기 때문이다. 무 엇보다 사회와 국가에서도 복지 혜택이나 기술 교육, 요양 시설 등의 적극적인 도움을 제공할 필요가 있다.

072

착한 아이 증후군

Good boy syndrome

어른이 되어서도 자신의 감정을 솔직히 표현하지 못하고, 착한 사람이라는 칭찬을 듣기 위해 자신의 욕구나 소망을 억압하면서 지나치게 노력하는 것을 말한다. 흔히 착한 아이 콤플렉스라고도 한다.

정신분석학에서는 어린 시절 주 양육자로부터 버림받을까 봐 두려워하는 유기 공포fear of abandonment가 심한 환경에서 살아남으려는 방어기제의 일환으로 본다. 부모와 정서적인 관계를 제대로 맺지 못한 아이는 부모의 말을 듣지 않으면 부모가 자신을 사랑하지 않을지도 모른다는 불안감에 떨게 된다. 그 때문에 '착한 아이'를 연기하게 된다. 부모에게 관심과 인정을 받기 위해서 뛰고 싶어도 뛰지 못하고 울고 싶어도 울지 못한다. 착한 아이를 연기하는 아이의 심리 밑바탕에는 '착하지 않으면 사랑받지 못한다'는 신념이 자리한다. 따라서 착한 아이가 되기 위해 타인의 눈치를 보거나 중요한 사람들의 요구에 순종적으로 반응한다.

착한 아이는 자라서도 착한 어른이 되기 위해 힘쓴다. 타인에게 인정받고 사랑받으며 버림받지 않기 위해 노력한다. 이러한 노력이 지나치게 되면, 자신의 욕구를 억제하고 희생하는 데 따르는 우울증을 경험할 수도 있다.

착한 아이 증후군을 앓는 사람은 다음과 같은 행동을 보인다.

- 언제나 밝고 명랑하다. 화가 나거나 짜증이 나더라도 자신의 감정을 겉으로 드러내지 않는다.

- 작은 것도 양보하기 위해 노력한다. 다른 사람의 부탁을 거절하지 못하고 싫어하는 티를 내지 못한다. 다른 사람의 일을 해결해 주기 위해 자신의 일을 미루기도 한다.
- 자신이 잘못하지 않은 일에도 사과한다. 다른 사람과 갈등을 피하기 위해 먼저 사과하고 용서를 구한다.
- 규칙을 지키기 위해 과도하게 노력한다. 약속을 지키지 않거나 명령을 따르지 않는 것을 참지 못한다.

자녀가 어릴 때부터 착한 아이 증후군을 보인다면 부모는 자녀를 있는 그대로 인정하고 수용하는 태도를 보이는 것이 좋다. 또한 자녀가 부정적인 감정을 적절하게 표현할 수 있도록 도와주어야 한다.

073

초두 효과

Primacy effect

먼저 제시된 정보가 나중에 제시된 정보보다 더 강력한 영향을 미치는 현상이다.

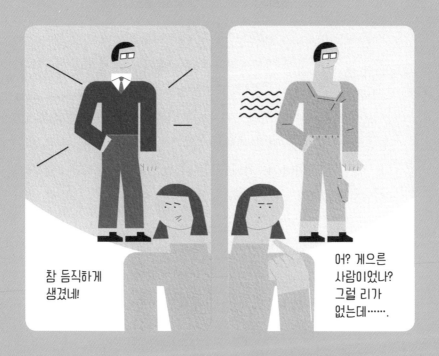

참 듬직하게
생겼네!

어? 게으른
사람이었나?
그럴 리가
없는데…….

관련용어 앵커링 효과, 최신 효과

인상 형성에 첫인상이 중요하다는 것으로 '첫인상 효과'라고도 한다. 3초 만에 상대에 대한 스캔이 완료된다고 해서 '3초 법칙', 처음 이미지가 단단히 굳어 버린다는 의미로 '콘크리트 법칙'이라고도 한다.

미국의 뇌 과학자 폴 왈렌Paul J. Whalen의 연구에 의하면, 우리는 뇌의 편도체amygdala를 통해 0.1초도 안 되는 극히 짧은 순간에 상대방에 대한 호감도와 신뢰도를 평가한다고 한다. 첫인상을 결정짓는 중요 요인은 외모, 목소리, 언어 순으로 나타났다.

미국의 사회심리학자 솔로몬 애쉬Solomon Asch는 A와 B, 두 사람의 성격에 대한 정보를 제시하고 실험을 진행했다. A에 대한 정보는 '똑똑하다, 근면하다, 충동적이다, 비판적이다, 고집스럽다, 질투심이 많다'였다. 반면 B에 대한 정보는 '질투심이 많다, 고집스럽다, 비판적이다, 충동적이다, 근면하다, 지적이다'였다.

실험 참가자들은 A에 대해 더 긍정적인 반응을 보였다. 그런데 A와 B에 대한 정보는 말의 순서만 다르게 배열했을 뿐 내용은 똑같았다. 이 실험은 긍정적인 말들이 먼저 제시되었을 때 더 호의적으로 느낀다는 것을 보여 준다.

자료의 앞부분에 제시된 항목이 나중에 제시된 것보나 더 잘 기억되고 인출된다. 나중에 제시된 항목들은 기억 인출을 할 때 처음에 제시된 항목들에게 간섭 효과를 받기 때문이다.

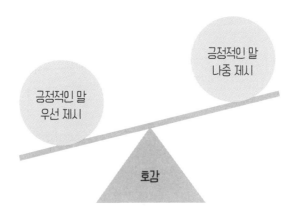

첫인상은 3초면 결정된다고 한다. 결정된 첫인상이 바뀌는 데는 200배의 정보량이 필요하다고 한다. 모 취업 포털 사이트에서 기업의 인사 담당자를 상대로 입사 지원자의 첫인상 관련 설문 조사를 실시했다. 그 결과, 인사 담당자 절반이 지원자의 첫인상을 결정하는 것은 '2분 이내'라고 답했다고 한다. 첫인상을 결정짓는 가장 큰 요인으로 태도와 자세가 꼽혔는데, 인사 담당자 중 60퍼센트 이상이 첫인상이 스펙보다 중요하다고 답했다. 면접 도중 지원자의 인상이 바뀐 경우는 10퍼센트 남짓에 불과했다.

선거에 출마한 정치인도 유권자에게 잘 보이기 위해 좋은 첫인상을 남기려고 노력한다. 붉은 넥타이를 착용해서 강인한 인상을 남기거나, 유권자와 비슷한 복장을 해서 친근감을 얻기 위해 노력하기도 한다. 언제나 미소를 띤 얼굴로 친절한 인상을 주려하기 때문에 유권자가 출마자의 능력이나 자질보다는 소속된 정치집단이나 겉모습만을 보고 투표를 하는 부작용도 생긴다.

　초두 효과와 반대되는 개념으로 '최신 효과'와 '빈발 효과'가 있다. 최신 효과Recency effect는 최신 정보가 먼저 제시된 과거의 정보보다 더 잘 기억된다는 의미다. 사람의 인상 형성에 초두 효과가 더 큰 영향을 주지만, 첫인상이 별로였거나 처음 정보의 질이 떨어지면 오히려 최신 효과의 영향이 두드러진다. 빈발 효과Frequency effect는 설령 첫인상이 안 좋았더라도 지속적으로 진솔한 모습과 행동을 보이면 점차 인상이 좋은 쪽으로 바뀌는 것을 말한다.

074

최신 효과

Recency effect

가장 나중에 제시된 정보를 더 잘 기억하는 현상이다. 신근성 효과 혹은 막바지 효과라고도 한다.

관련용어 초두 효과

앞에서 살펴본 것처럼 초두 효과는 최신 효과의 반대 개념으로 가장 처음에 제시된 정보를 더 잘 기억하는 현상이다. 미국 템플 대학교 심리학 교수 로버트 라나Robert Lana 교수는 메시지에 담긴 내용이 얼마나 친숙한가의 정도에 따라 초두 효과가 나타날지 아니면 최신 효과가 나타날지가 결정된다고 주장했다. 관심이 많고 친숙하며 논쟁적인 내용의 메시지일수록 초두 효과가 더 잘 나타나는 반면, 비교적 낯설고 무관심한 내용의 메시지일수록 최신 효과가 더 잘 나타난다고 한다.

친숙하고 논쟁적인 내용
초두 효과

낯설고 무관심한 내용
최신 효과

심리학자 솔로몬 애쉬는 다음 문장을 읽고 사람 A와 B에 대한 인상을 적게 했다.

- 사람 A: 똑똑하고 근면하다. 하지만 충동적이며 비판적이고 고집이 세고 질투심이 강하다.

* 사람 B: 질투심이 강하고 고집이 세며 비판적이고 충동적이다. 하지만 근면하고 똑똑하다.

순서만 뒤바뀌었을 뿐 같은 내용이었다. 그런데 피험자들은 B보다 A를 더 좋은 인상의 사람으로 적어 냈다. 가장 처음에 제시된 정보가 인상을 결정했다. 최신 효과보다 초두 효과가 더 강하게 나타난 것이다. 반면 초기의 정보가 너무 짧게 제시되어 그 기억이 사라지면 인상 형성을 위한 시간이 경과되어 첫인상만으로 판단하지 않기 때문에 최신 효과가 발생할 확률이 더 높아진다.

시험을 치를 때 마지막에 외웠던 단어가 더 기억에 남는 현상, 최근에 얻은 정보에 이끌려 주식투자를 하는 현상 등이 최신 효과의 예라고 할 수 있다.

회사에서 근로자의 근무 실적을 평가할 때는 최신 효과를 경계해야 한다. 최신 효과가 작용하면 평가 대상이 되는 전체 근로 기간 실적보다 최근 실적을 중심으로 평가할 가능성이 높아져 오류가 발생할 수 있다.

075

최후통첩 게임

Ultimatum game

첫 번째 사람에게 일정한 돈을 주고 두 번째 사람과 이 돈을 나누도록 하는데, 두 번째 사람은 첫 번째 사람의 제안을 수락할 수도 있고 거절할 수도 있다. 합리적인 선택은 아니지만 첫 번째 사람은 대개 어느 정도 상호 이익과 공정성을 염두에 두고 돈을 나눈다.

제안을 받아들이면 제안된 금액대로 두 사람이 나누어 가지지만 만약 첫 번째 사람이 제안한 액수를 두 번째 사람이 거절하면 두 사람 모두 돈을 한 푼도 받지 못하는 조건이 부여된 게임이다. 또한 게임은 단한 번만 시행된다.

최후통첩 게임은 1982년 독일의 경제학자 베르너 귀트Werner Güth가처음 실행했지만 1986년 심리학자 대니얼 카너먼과 동료들이 독재자게임Dictator game으로 발전시켰다. 독재자 게임에서는 첫 번째 사람이돈을 얼마를 주든지 두 번째 사람은 거절할 수 없도록 하는 조건, 즉 상대방의 눈치를 볼 필요가 없다는 조건이 붙어 있다는 차이가 있다.

최후통첩 게임에서 합리적인 결정은 제안된 몫에 상관없이 두 번째사람이 제안을 수락하는 것이다. 인간은 합리적인 선택을 한다는 경제학의 입장에서 최후통첩 게임의 결과를 생각한다면 몫을 제안받은 사람은 이 제안을 거절할 하등의 이유가 없다. 그러나 몫을 제안하는 사람들은 대부분 40~50퍼센트에 해당하는 금액을 상대방에게 건네주었고, 제안된 금액이 20퍼센트 미만일 경우 두 번째 사람은 제안을 거부하는 것으로 드러났다. 제안을 거절할 경우 두 사람 모두 돈을 한 푼도받지 못하는 부정적인 결과가 있다는 것을 알지만 사람들은 제안이 불공정하다고 생각할 경우에 경제적인 이익을 포기하면서도 제안을 수락하지 않는다.

몫의 40~50퍼센트에 해당하는 금액을 나누어 주는 경향성은 처음제시된 돈의 액수를 여러 번 변화시켰을 때도 일정하게 유지되었다. 더욱이 '독재자 게임'에서조차 몫을 나누어 주는 사람은 총 액수의 평균28.3퍼센트를 두 번째 사람에게 나누어 준 것으로 나타났다. 이러한 결과는 인간은 합리적이지 않은 결정을 내리긴 하지만 단순히 경제적인

이득만을 생각하는 것이 아니라 상호 이익과 공정성도 어느 정도 염두에 둔다는 점을 시사한다.

상품의 가격 또한 실질적인 최후통첩 게임이라고 할 수 있다. 판매자는 생산원가와 거래를 통해 얻을 수 있는 이익을 계산해 구매자에게 가격을 제시한다. 구매자는 판매자가 제시한 금액을 보고 그 가격에 상품을 구매하는 것이 공정한지 판단한다. 상품의 가격이 공정하다고 생각될 경우 상품을 구매하지만, 상품의 가격이 불공정하다고 생각될 경우 상품을 구매하지 않는다.

076

침묵의 나선 이론

The spiral of silence theory

여론이 형성되는 과정에서 자신의 입장이 다수의 의견과 동일하면 적극적으로 동조하지만 소수의 의견일 경우에는 남에게 나쁜 평가를 받거나 고립되는 것이 두려워 침묵하는 현상이다.

여론의 형성 과정이 한 방향으로 쏠리는 모습이 마치 나선 모양과 같다고 해서 붙여진 이름이다. 고립에 대한 두려움과 주류에 속하고 싶은 인간의 강한 욕망이 침묵의 나선을 만든다.

노엘레 – 노이만의 침묵의 나선

왼쪽 화살표는 대중매체가 지배적으로 표현하는 의견을 뜻하고, 오른쪽 화살표는 다른 의견에 대한 사람들의 지지 정도를 의미한다. 가운데의 나선은 공식적으로 다른 의견을 표하지 않고 지배적인 의견으로 자신의 뜻을 바꾼 사람들을 의미한다.

침묵의 나선 이론은 윤리적인 문제나 공공의 문제에 관한 의견 등 주관적인 생각에만 적용된다. 명백하게 참과 거짓을 구별할 수 있는 사실 문제에는 적용되지 않는다. 공공의 문제에 관한 여론 형성 과정에서 지배적인 의견을 주로 반영하는 텔레비전과 같은 대중매체의 영향력 그리고 소수의 의견을 공개적으로 표명하려는 의지가 있는가의 여부가 중요한 변수가 된다.

독일의 커뮤니케이션학자이자 정치학자 노엘레-노이만Elisabeth Noelle-Neumann은 1974년에 진행한 연구에서 피험자들에게 어떤 사람이 화난 얼굴로 공공장소에서 담배를 피워 남에게 피해를 주는 일을 반대한다고 주장하는 영상을 보여 주었다. 노엘레-노이만은 피험자들에게 이 영상을 본 소감을 말해 달라고 요청했는데, 이때 피험자 주변에 다른 사람들을 의도적으로 배치했다. 피험자 중 흡연자들은 주변에 비흡연자가 있으면 공개적으로 흡연권을 강하게 주장하지 못하는 모습을 보였다. 이는 어떤 의견이 우세한지를 판단하여 동조하고 똑같이 행동하려는 '획일화의 압력'의 영향을 받은 것이다.

노엘레-노이만은 인간에게는 '고립의 두려움'이 있기 때문에 소수의 의견에 속한다고 느낄 때에는 자신의 의견을 감추어야 한다고 압박을 느껴 침묵의 소용돌이가 일어난다고 주장했다.

노엘레-노이만은 저서 『침묵의 나선 이론 - 여론 형성 과정의 사회심리학』을 통해 침묵의 나선이 발생하는 4단계의 가설을 제시했다.

- 1단계 : 권력자가 주목받지 못했던 화제를 꺼낸다.
- 2단계 : 권력자에 대한 반대 의견이 나오기 힘들기 때문에 해당 화제

는 일단 옳은 것으로 인식한다.

▪ 3단계 : 해당 화제에 대한 비판이 차츰 나오지만, 이러한 비판이 옳지
못하다고 평가한다.

▪ 4단계 : 소수의 의견이 된 비판 세력은 다수의 압력을 받아 비판을 포
기하고 침묵한다.

선거가 끝난 후 실제 투표 결과보다 당선자에게 투표했다고 발언하
는 사람들의 숫자가 더 많게 나타날 때가 있다. 사람은 소외되지 않고
승자 편에 속하려는 경향이 있기 때문이다. 선거일에 임박해서 여론조
사 결과의 공개를 금지하는 것도 여론이 우세한 후보 쪽으로 쏠리는 밴
드왜건 효과와 여론 조작을 막고자 하는 의도가 크다. 어떤 분명한 의
견이 존재할 때에는 사람들이 여론을 관찰하고 본인의 의견을 결정하
는 경향이 크기 때문이다. 선거를 앞두고 '대세론'이 생기면 자신의 의
견을 당당히 밝히기가 꺼려지고 의견을 개진하려는 노력을 하지 않게
된다.

대부분의 사람들은 자신의 SNS 타임라인을 본인이 보고 싶은 콘텐츠

로 구성한다. 그래서 본인이 '친구' 관계를 맺고 있는 사람들의 의견만 보고 그렇게 파악된 여론이 다수 의견이라는 착각에 빠지기 쉽다. SNS 는 소수의 파워 유저들의 영향력에 의해 지배당하기 쉽다. 때문에 어떤 의견에 대한 판단을 유보하고 있는 동안 이미 다수의 의견이 형성되는데, 이에 동조하지 않으면 익명으로 '마녀사냥'을 당하거나 신상 정보가 유출되기도 한다. SNS 상에서는 1퍼센트가 콘텐츠를 생산하고, 9퍼센트는 그 내용을 전달하고, 나머지 90퍼센트는 관망한다는 말이 있다. 이 시대는 자신의 소수 의견을 피력하는 일이 점점 어려워지는 추세다.

침묵의 나선 이론은 역동적이고 거시적이면서도 미시적인 설명력을 가지고 있다. 여론의 움직임, 특히 선거 기간 동안 여론의 동향을 설명해 주고 뉴스 매체의 역할과 책임에 대한 중요한 문제를 제기한다. 반면 침묵의 이유를 지나치게 단순화하고 침묵 효과에서 나타날 수 있는 인구학적, 문화적 차이를 간과하기도 한다.

077

칵테일파티 효과

Cocktail party effect

칵테일파티처럼 여러 사람의 목소리와 잡음이 많은 상황에서도 본인이 흥미를 갖는 이야기는 선택적으로 들을 수 있는 현상을 말한다.

인간은 귀를 통해 하루 종일 다양한 소리를 듣지만 본인에게 필요한 정보를 선택해서 집중적으로 습득할 수 있는 지각 능력을 가지고 있다.

1953년 영국왕립 런던 대학교의 인지과학자 콜린 체리Colin Cherry는 독특한 실험을 했다. 피험자들에게 헤드폰을 나눠 주고, 같은 목소리로 서로 다른 두 가지의 내용을 말하는 것을 양쪽 귀로 동시에 듣게 했다. 두 번째 실험에서는 한 가지 내용을 오른쪽 귀로만, 다른 한 가지 내용은 왼쪽 귀로만 듣게 했다. 피험자들은 한 가지 내용에 집중하다가 들은 내용을 말로 반복한 후 주요 내용을 종이에 적었다. 실험 결과, 그들은 두 가지 내용을 양쪽 귀로 동시에 들을 때도 자신이 듣고자 하는 이야기를 구별할 수 있었고, 관심 없는 이야기에는 집중하지 않았다. 이는 인간에게 감각기억sensory memory이 있기 때문에 가능하다. 감각기억은 주변 상황이 아무리 혼잡해도 본인이 원하는 정보를 선별해서 습득할 수 있는 '선택적 지각selective perception' 능력이다.

층간 소음 문제가 심각해지면 이웃 간의 사이가 나빠질 뿐만 아니라 폭력과 살인으로 이어지기도 한다. 그런데 층간 소음 실태를 조사해 보면 고통을 호소하는 피해자의 말과는 달리 엄청난 소음이 아닌 경우도

조용, 조용,　　　　　　조심, 조심.

있다. 이는 소음이 주는 스트레스가 사람마다 달리 적용되기 때문이다. 층간 소음이 한 번 스트레스로 각인되면 아주 작은 소리에도 민감하게 반응할 수 있다.

열등감이 심하거나 피해의식이 깊은 사람들은 다른 사람들이 무의식적으로 하는 행동에도 쉽게 상처를 받는다. 자신의 논리에 맞춰서 생각하기 때문에 타인의 행동을 오해하거나 진실을 보려 하지 않는다. 특히 상대방이 특정 단어를 말했을 때 열등감이 심한 사람들은 자신을 험담하는 것이라고 착각할 수 있다.

이메일을 확인할 때, 우리는 자신의 이름이 들어 있는 메일 제목에 먼저 눈이 간다. 'ㅇㅇㅇ 고객님에게만 특별히 드리는 혜택!'과 같은 문구는 메일을 열어 볼 확률을 높이고, 해당 사이트의 매출로 이어지게 만든다. 이와 같이 온라인 쇼핑몰 사이트들은 특정 키워드를 강조해 키워드 마케팅으로 소비자를 현혹하는데, 수많은 메일에서 자신이 보고 싶은 문구만 보게 되는 칵테일파티 효과를 이용하는 마케팅이라고 볼 수 있다.

078

코르사코프 증후군

Korsakoff's syndrome

심각한 기억력 장애로 주로 새로 발생하는 일들을 기억하지 못하는 순행성 기억
상실증이다. 건망 증후군健忘症候群이라고도 한다.

코르사코프 증후군의 원인은 장기간의 알코올 중독, 뇌 부위 외상, 노인성 치매 등 다양하다. 이 증후군을 앓으면 상황 판단을 잘 못하고, 시간과 날짜, 방금 먹은 음식조차 기억하지 못하기도 한다.

1887년 러시아의 정신병리학자 세르게이 코르사코프Sergei Korsakoff는 장기간의 알코올 중독이 뇌 손상에 의한 기억장애를 일으킨다는 사실을 발견했다. 그가 관찰했던 37세의 한 작가는 시베리아로 가는 여행길에 다량의 브랜디를 마시는 습관이 있었다. 그 작가는 알코올 남용으로 방금 일어난 일을 전혀 기억하지 못했다. 당시에는 알코올, 비소, 납과 같은

세르게이 코르사코프

독성 물질이 기억장애의 직접적인 원인이라고 생각했다. 그러나 점차 비타민 B1의 일종인 티아민Thiamine이 부족하면 기억장애가 일어난다는 사실이 밝혀졌다.

코르사코프 증후군의 환자들은 다음과 같은 증상을 보인다. 기억상실 이전의 기억은 보존되어 있으나 기억상실 이후 경험은 보존하지 못하는 순행성 기억상실증Anterograde Amnesia을 겪게 된다. 환자들은 자신의 기억에 생긴 공백을 허구의 이야기로 채우려는 작화증Confabulation 증세를 보인다.

매사에 무관심하거나 변화에 대해 무심하며 감동을 느끼지 못한다. 상황을 인지하는 통찰력이 부족해 자신이 어떤 처지에 있는지 정확히 알지 못한다. 증상이 심하면 역행성 기억상실증Retrograde Amnesia이 일어나 뇌가 손상되기 전의 상황들조차 기억하지 못하게 된다.

코르사코프 증후군을 예방하는 가장 효과적인 방법은 비타민 B와 티아민이 포함된 식품을 섭취하는 것이다. 흰 쌀밥, 흰 밀가루, 흰 설탕 등 고

순행성 기억상실증

역행성 기억상실증

도로 공정된 탄수화물 음식을 피하고, 볶은 보리, 밀배아, 땅콩, 돼지고기, 생완두콩 등을 섭취하는 것이 좋다. 특히 알코올은 티아민의 흡수와 작용을 방해하므로 과도한 음주는 피하는 것이 좋다.

코르사코프 증후군과 관련된 용어는 심인성 기억상실증Psychogenic Amnesia이 있다. 이는 기억상실의 원인이 뇌 손상 등 기질적인 문제가 아니라 학대나 성폭력 같은 심리 외상인 경우를 말한다.

079

쿠바드 증후군

Couvade syndrome

아내가 임신했을 때 남편도 입덧, 요통, 체중 증가, 메스꺼움과 같은 육체적, 심리적 증상을 아내와 똑같이 겪는 현상이다. 환상 임신Phantom pregnancy 혹은 동정 임신Sympathetic pregnancy이라고도 한다.

'쿠바드(혹은 꾸바드)'라는 말은 '알을 낳다'라는 뜻의 프랑스어 'couver' 에서 유래한다. 쿠바드 증후군은 영국의 정신분석학자인 트리도우언 Trethowan이 명명한 현상으로, 아버지가 양육에 별로 신경 쓰지 않아도 되는 가부장적인 문화가 강한 사회보다는 모계사회나 처가살이가 보편 적인 사회에서 더 흔하게 일어난다. 그러한 현상은 남편이 아내와 아내 혈족의 울타리 안에서 아내 배 속에 있는 아이의 아버지가 자신임을 인 정받으려는 욕구, 엄마가 양육권을 독점하는 것을 막으려는 의도 등이 극단적으로 나타난 것이다.

남아메리카 원주민 사회의 남성은 아내의 임신 말기와 출산 직후의 잡다한 금기 사항을 지켜야 하고, 아마존 북서부 위토토 족 남성은 자 식이 태어날 때까지 고기를 먹지 않거나 사냥 무기에 절대 손을 대지 않는 등의 쿠바드 행동을 실천한다.

한편 한국의 옛 조상들에게는 '지붕지랄'이라는 쿠바드 풍습이 있었 다. 평안도 박천이라는 지방에서는 부인이 진통을 시작하면 남편은 지 붕 위에 올라가 비명을 질렀다. 마침내 아내가 아기를 낳으면 남편은 일부러 지붕에서 굴러 떨어졌다.

2007년 영국의 브레넌 박사Dr. Arther Brennan는 임신한 아내를 둔 남성 282명을 대상으로 연구를 진행했다. 쿠바드 증후군은 임신 3개월에 가장 심각하다가 점차 약해지고 임신 말기가 되면 다시 심해지는 특징이 있다. 쿠바드 증후군을 겪는 남성들은 양육과 젖샘을 자극하는 프로락틴의 수치가 높아지고, 성욕을 자극하는 테스토스테론 수치는 급격히 떨어진다. 이는 임신한 여성이 분비하는 페로몬 때문에 남성의 신경 화학 물질이 변화한 것이다. 예비 아빠들은 복통, 구토, 체중 증가, 허리 통증 등의 심리적, 신체적인 변화를 경험했다. 이러한 증상은 간혹 출산 때까지 계속되기도 했다. 어떤 남성은 아내가 진통이 시작되자 자신도 엄청난 진통을 느꼈다고 말했다.

080

쿨리지 효과

Coolidge effect

성관계를 맺는 파트너를 바꾸었을 때 성적性的 욕구가 증가하는 현상이다.

미국의 제30대 대통령이었던 캘빈 쿨리지John Calvin Cooldge 부부의 일화에서 유래한다.

쿨리지 부부가 양계장을 방문했을 때의 일이다. 쿨리지 부인은 한 마리의 수탉이 암탉과 짝짓기를 하는 것을 보았다. 안내인은 영부인에게 수탉이 하루에 12번 정도 짝짓기를 한다는 사실을 설명했다.

캘빈 쿨리지

영부인은 안내인에게 이렇게 말했다.

"대통령께도 이 사실을 알려 주세요."

수탉 이야기를 전해들은 쿨리지 대통령은 이렇게 되물었다.

"그런데 저 수탉은 매일 같은 암탉과 짝짓기를 하나요?"

안내인이 대답했다.

"아닙니다. 매번 다른 암탉과 합니다."

이 말을 들은 쿨리지 대통령은 말했다.

"그럼 내 아내에게도 그 얘기를 전해 주세요."

미국의 생물학자인 프랭크 비치Frank A. Beach 교수가 이 농담을 인용해 처음으로 '쿨리지 효과'라는 이름을 사용했다.

거의 모든 포유동물의 수컷은 동일한 암컷과 교미를 지속하면 지치게 된다. 그러나 새로운 암컷과 교미를 하면 새롭게 흥분하게 된다. 같은 파트너와 잠자리를 반복적으로 가지며 생기는 권태를 파트너를 바꿈으로써 해결하는 것이다.

수컷 쥐 한 마리를 가임기의 암컷 네 마리와 함께 우리에 가두면, 수컷

쥐는 모든 암컷들과 짝짓기를 한 후 더 이상 짝짓기를 할 수 없을 만큼
지친 상태가 된다. 그러나 더 이상 짝짓기를 할 수 없을 것 같던 수컷 쥐
는 새로운 암컷 쥐가 등장하자마자 성 기능을 회복하고 짝짓기를 한다.

황소는 암소 욕심이 많아서 자신이 짝짓기하지 않은 암소가 남아 있
는 한, 같은 암소와는 절대 짝짓기를 하지 않는다. 여기서 '황소 법칙'
이라는 용어가 생겨났다.

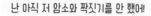

쿨리지 효과는 본능적인 현상일지도 모른다. 하지만 인간은 동물처

럼 본능에만 몸을 맡긴 채 살아갈 수는 없다. 새로운 자극이 필요한 시기라면 파트너와 충분한 대화를 나눈 뒤 쿨리지 효과와 유사한 자극을 위해 변화를 시도하는 것이 좋다.

081

크레스피 효과

Crespi effect

보상과 처벌의 강도가 점점 강해져야 과제 수행의 능률이 계속 높아진다는 효과다.

당나귀를 계속 달리게 하기 위해 눈앞에 당근을 매달고 채찍을 휘두른 데서 유래한 '당근과 채찍the Carrot & Stick'은 보상과 벌점을 비유하는 가장 보편적인 용어다. 보상으로 원하는 행동을 유도하기 위해서는 보상을 점점 더 크게 하는 것이 효과적이다. 반대로 벌을 줌으로써 바람직하지 못한 행동을 줄이려면 점점 더 처벌의 강도를 높여야만 현 상태를 유지할 수 있다.

1942년 미국의 심리학자 레오 크레스피Leo Crespi는 일의 수행 능률을 올리는 당근과 채찍 효과를 내려면 점점 더 그 강도가 세져야 함을 실험으로 입증했다. 이를 바탕으로 '크레스피 효과'라는 말이 생겨났다. 크레스피는 A집단의 쥐에게는 미로 찾기를 성공할 때마다 먹이 한 개씩을 상으로 주고, B집단의 쥐에게는 먹이를 다섯 개씩 주었다. 그 결과 B집단이 미로 속에서 길을 더 빨리 찾아냈다. 위 절차를 반복 학습시킨 후 이번에는 A집단의 쥐에게는 상을 한 개에서 다섯 개로 늘리고, B집단의 쥐에게는 반대로 상을 다섯 개에서 한 개로 줄였다. 그러자 A집단은 처음부터 먹이를 다섯 개씩 상으로 받던 B집단이 앞서 보였던 것보다 훨씬 더 빨리 미로를 탈출했다.

반면 B집단은 처음에 먹이를 한 개씩 상으로 받던 A 집단의 초기 학습 성적보다 훨씬 낮은 수행 능률을 보였다.

요점은 당근(혹은 채찍)의 절대적인 양이 아니라 '이전에 비해 상대적으로 얼마나 더 많이' 주느냐가 중요하다는 것이다.

082

클라인펠터 증후군

Klinefelter's syndrome

일반적으로 남성은 아버지로부터 22개 상염색체와 Y염색체를 물려받고 동시에 어머니로부터 22개의 상염색체와 X염색체를 물려받아 총 46개의 염색체44개의 상염색체 + 2개의 성염색체 XY를 갖고 태어난다. 그런데 X염색체의 분리 과정에서 이상이 생겨 X염색체를 2개 이상 보유하는 경우를 말한다.

Y염색체 하나에 X염색체 둘을 포함한 최소 47개의 염색체를 물려받은 클라인펠터 증후군 남성은 지능, 생식, 신체발달 등에서 병리적 이상을 보인다.

1942년 미국 매사추세츠 주의 의사 해리 클라인펠터Harry Klinefelter가 발견했다. 클라인펠터는 생물학적으로는 남성이지만 동년배의 보통 남성과 비교했을 때 고환 크기가 작고 유방이 여성처럼 비대해지는 환자들을 발견했다.

이후 1959년 영국의 연구자 퍼트리샤 제이콥스Patricia Jacobs와 존 스트롱John Strong이 클라인펠터 증후군을 보이는 환자들의 핵형karyotype을 관찰하여 47, XXY, 즉 X염색체를 하나 더 가지고 있다는 것을 밝혀냈다. 일반적으로 47, XXY 형태가 가장 많지만, 일부는 48, XXXY, 49, XXXXY와 같이 X염색체 수가 더 많은 형태도 존재한다. 클라인펠터 증후군은 남아 1,000명당 한 명꼴로 다운증후군보다 많이 발생한다. 남성 성선기능저하증의 가장 흔한 원인 중의 하나다.

클라인펠터 증후군의 증상은 다음과 같다.

- 대부분의 남성보다 키가 크고 상체에 비해 하체가 긴 편이다.
- 남성호르몬인 테스토스테론이 적게 분비되어 남근이 작고, 체모도 거의 없으며, 고환도 작은 편이다. 이로 인해 대부분 불임의 문제를 보인다.
- 유방이 비대해져 여성형 유방을 가지기도 하는데, 이로 인해 유방암에 걸릴 확률도 높다.
- 복부 및 엉덩이에 지방이 축적되기 쉬워 비만이 되기 쉽다. 당뇨병이나 갑상선 이상 증세를 보이기도 한다.

- 신체적, 인지적 발달이 늦어 예민하고 내성적인 성격이 되기 쉽다. 이로 인해 경미한 정신지체, 우울증, 정신병, 성도착 등의 기타 다양한 정신적 문제를 겪을 수 있다.

클라인펠터 증후군이 있는 남성들은 테스토스테론의 분비가 부족해 정기적으로 남성호르몬을 주입받는 치료를 받게 된다. 이 치료는 남성의 근육을 발달시키고 체모를 나게 할 수 있으며, 신체 문제로 인한 우울증을 해소시켜 자신감을 높인다. 정기적으로 갑상선 기능, 성선 기능, 골다공증에 대한 검사와 원만한 사회생활을 위한 심리치료가 필요하다.

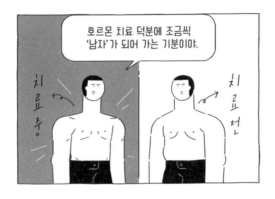

여성에게도 클라인펠터 증후군과 비슷한 신체 이상이 있다. 1938년 미국의 내분비학자 헨리 터너Henry Turner가 발견한 이 현상은 '터너 증후군Turner syndrome'이라고 한다. 터너 증후군은 여성에게 XX로 존재해야 하는 성염색체가 X 하나밖에 없거나 X염색체의 일부가 유실되는 경우를 말한다. 이로 인해 난소 형성 부전, 조기 폐경, 저신장증, 자가면역 질환 등이 나타날 수 있다.

083

테스토스테론

Testosterone

남성의 대표적인 성性 호르몬으로 자신감 형성과 남성 역할의 수행에 기여한다.

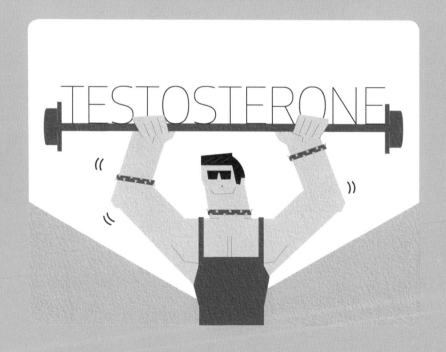

남성의 2차 성징 발현과 생식기 발달에 관여하는 남성호르몬의 총칭인 안드로겐Androgen의 하나다. 그렇다고 테스토스테론이 남성의 전유물은 아니다. 여성의 난소와 부신에서도 이 호르몬이 일부 생성되기 때문이다. 다만 일반적으로 성인 남성은 테스토르테론이 성인 여성보다 7배나 많다. 생물학적 성차는 이 때문에 생긴다.

테스토스테론은 자신감 형성과도 관련이 있다. 테스토스테론의 수치가 높으면 자신감이 상승하고, 승부와 도전을 두려워하지 않게 되기도 한다. 테스토스테론이 쾌감을 느끼는 뇌를 활성화하기 때문이다. 그러나 테스토스테론이 과다 분비되면 충동적이고 욕구를 잘 절제하지 못하기도 한다.

상황에 따라 테스토스테론 수치가 달라지기도 한다. 예를 들어 운동선수들은 시합 전에 테스토스테론 수치가 상승하며, 이는 경기력 향상에 도움을 준다. 또한, 테스토스테론 수치는 기분에도 영향을 준다. 시합에서 이긴 선수는 진 선수보다 수치가 더 높아지고, 기분이 좋아지게 된다. 이 반응은 중요한 경기일수록 더 강하게 나타난다.

승패 효과는 선수뿐 아니라 스포츠 팬에게도 영향을 준다. 1994년 월드컵 대회에서 브라질이 이탈리아에게 승리했을 때, 브라질 팬들의 테스토스테론 수치가 상승하였다.

그렇다면 테스토스테론 수치가 달라지는 이유는 무엇일까? 한 가설에선 다음 도전자를 만날 가능성이 커진 승자가 추후 시합을 대비하기 위해서라고 주장했다. 반면 경기에서 진 선수는 테스토스테론 수치가 감소하게 되는데, 이를 통해 승부를 마무리 짓고 적절한 시기가 올 때까지 에너지를 보존할 수 있다.

참고로 에스트로겐Estrogen은 대표적인 여성의 성性호르몬으로, 여성의 2차 성징 발현에 중요한 영향을 끼친다. 가임기의 여성에게서 가장 많이 분비되며, 남성의 생식 체계 발달에도 관여한다.

084

트롤리 딜레마

Trolley dilemma

사람들에게 브레이크가 고장 난 트롤리 상황을 제시하고 다수를 구하기 위해 소수를 희생할 수 있는지를 판단하게 하는 사고 실험을 가리키는 말이다.

트롤리 딜레마 문제 ❶

브레이크가 고장 난 트롤리 기차가 달리고 있나. 레일 위에는 다섯 명의 인부가 일을 하고 있는데, 트롤리가 이대로 달린다면 다섯 명은 반드시 죽게 된다. 한 가지 방법은 레일변환기로 트롤리의 방향을 바꾸는 것뿐이다. 그런데 다른 레일 위에는 한 명의 인부가 있다. 당신은 트롤리의 방향을 바꿀 것인가?

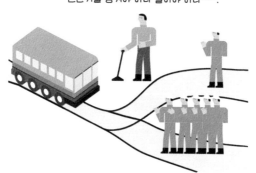

변환기를 당겨야 하나 말아야 하나…….

이 문제는 영국의 윤리 철학자인 필리파 푸트Philippa R. Foot가 제안한 것으로, 응답자의 89퍼센트가 "방향을 바꾸어야 한다"고 응답했다.

미국의 심리학자 조슈아 그린Joshua Greene은 fMRI(기능성 자기공명영상)로 응답자의 뇌 활동도를 조사했는데 그 결과 합리적, 이성적인 의사결정에 관여하는 전전두엽 부위가 활성화된 것으로 나타났다.

트롤리 딜레마 문제 ❷

당신은 육교 위에서 트롤리가 달리는 모습을 지켜보고 있다. 브레이크가 고장 난 트롤리는 다섯 명의 인부를 향해 달리고 있다. 만약 트롤리를 멈추게 하려면 무거운 것을 떨어뜨려야 하는데 육교에는 뚱뚱한 사람 한 명이 있을 뿐이다. 당신은 몸무게가 적게 나가 육교에서 떨어져도 트롤리를 멈출 수 없고, 뚱뚱한 사람을 떠밀 경우 확실히 트롤리를 멈출 수 있다. 그렇다면 뚱뚱한 사람을 육교 아래로 떨어뜨려야 하는가?

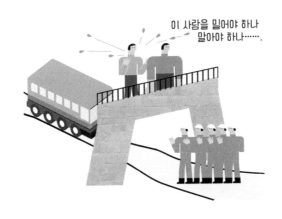

이 문제는 미국 도덕 철학자인 주디스 톰슨Judith J. Thomson이 문제 ①에 이어 추가적으로 제안한 것이다. 이 문제에 대해 응답자들의 78퍼센트가 뚱뚱한 사람을 육교 아래로 밀어서는 안 된다고 응답했다.

문제 ①과 마찬가지로 조슈아 그린Joshua Greene이 fMRI로 응답자의 뇌 활동도를 조사한 결과, 이번에는 편도체amygdala를 포함한 정서와 관계된 뇌 부위가 활성화된 것으로 나타났다.

두 가지의 트롤리 문제는 모두 '소수를 희생해서 다수를 구할 것인가'를 묻는 것처럼 보인다. 하지만 응답자들은 두 가지 문제에 대해 서로 다른 판단을 한다는 것을 알 수 있다. 언뜻 비슷해 보이는 문제에 왜 많은 응답자들은 다르게 반응하는 것일까?

문제 ①에서는 다섯 명의 인부를 죽게 내버려 두지 않는 것에 초점이 맞추어져 있지만, 문제 ②에서는 한 명의 뚱뚱한 사람을 죽이는 것에 조점이 맞추어져 있기 때문이다.

문제 ①에서는 다섯 명의 생명을 위협하는 트롤리를 한 명에게 나눌 수 있는 것처럼 보이지만, 문제 ②에서는 뚱뚱한 사람을 권리를 침해하여 다섯 명의 생명을 구하는 것처럼 보이기 때문이다.

왜 트롤리 딜레마가 생기는지의 이유는 명확치 않다. 다만 위의 두 딜레마 상황에서 활성화된 뇌 부위가 상이한 점을 보았을 때 다음과 같은 가능성이 제기된다. 딜레마 상황에서 윤리적 결정을 할 때는 옳고 그름의 판단과는 별개로 뇌의 이성적 판단 중추와 정서적 판단 중추 중 활성화된 쪽을 선택할 가능성이 있다는 것이다.

085

티핑포인트

Tipping point

어떠한 현상이 서서히 진행되다가 작은 요인으로 한순간 폭발하는 것을 말한다.

티핑포인트라는 영어 단어는 '갑자기 뒤집히는 점'이라는 뜻으로, 때로는 엄청난 변화가 작은 일에서 시작되어 폭발적으로 번질 수 있음을 의미한다.

시카고 대학교의 교수 그로진스Morton Grodzins는 1957년 특정 지역에 새로운 인종들이 이주해 오면 기존의 인종들이 다른 곳으로 떠나는 대도시의 분리Metropolitan segregation가 일어난다고 보았다. 실제로 1960년대 미국 몇몇 지역의 백인들이 갑자기 도심을 떠나는 현상이 발생했다. 이런 현상은 흑인들의 비율이 일정 수준을 초과할 때마다 나타났다. 흑인 인구의 증가가 화이트 플라이트white flight(백인 이주 현상)의 티핑포인트가 된 것이다. 화이트 플라이트란 백인 중산층이 유색인종 비율 증가로 인한 범죄 발생을 우려하여 도심에서 교외로 이주하는 현상이다.

신문기자이자 작가였던 말콤 글래드웰Malcolm Gladwell은 자신의 저서 『티핑포인트』에서 신발 브랜드 '허시파피Hush Puppies'를 티핑포인트의 예로 들었다.

허시파피는 낮은 판매량으로 아무도 찾지 않아 처분 위기에 놓인 신

발이었다. 유행이 지난 옛 상품에 대한 관심을 다시 불러일으키려는 전략에서 회사는 '모두가 하나쯤은 가져야 할 신발'이라는 이미지를 강조하고 패션잡지 관계자들에게 허시파피를 보내기 시작했다.

  이후로 유명 디자이너들이 허시파피를 자신의 패션쇼에서 소품으로 이용했고, 톰 행크스Tom Hanks는 영화 〈포레스트 검프Forrest Gump〉에서 허시파피를 신고 출연했다. 이듬해 허시파피의 매상은 네 배 증가했다. 특히 영향력 있는 소수에 의해 전파가 이루어졌기 때문에 그 효과가 폭발적이었다. 이는 '소수의 법칙'이 부가적으로 작용한 결과로도 볼 수 있다. 허시파피를 신기 시작한 뉴욕의 청년들이 매상 증가의 '티핑포인트'를 만들어 낸 것이다.

086

파노플리 효과

Panoplie effect

특정 상품을 사며 동일 상품 소비자로 예상되는 집단과 자신을 동일시하는 현상이다.

관련용어 베블런 효과

파노플리 효과는 상류층이 되고 싶거나 신분 상승을 바라는 마음이 특정 상품의 구매로 이어지는 것이다. 원래 'Panoplie'란 말은 '한 세트'란 뜻의 프랑스어로 동일한 맥락에 해당하는 상품이나 집단을 의미한다.

1980년대 프랑스 사회학자 장 보드리야르Jean Baudrillard는 소비자가 물건을 구매할 때에도 그 사람의 이상적 자아가 투영된다고 보았다. 따라서 누구나 명품 브랜드에 시선이 끌린다고 주장했다. 특히 계급이 사라진 현대 사회 사람들은 명품을 구매하면서 상류계급 의식을 느낀다고 했다. 또한 명품 브랜드가 새로운 계급사회를 만들었다고 분석했다.

고가 가방, 값비싼 외제차 등을 사고 싶은 심리는 파노플리 효과의 한 예다. 특정한 기능을 원해서라기보다 트렌드를 선도하는 계층에 속하는 사람으로 보이고 싶은 욕구라고 볼 수 있다.

예를 들어, 어떤 남자가 비싼 외제차를 선택할 때 그는 똑같은 브랜드의 자동차를 구매한 사람들이 어떤 모습일지 상상한다. 명품 브랜드를 구매하면서 자신이 상류층과 동등한 위치에 있다고 느끼기 때문이다. 파노플리 효과는 브랜드 구매뿐만 아니라 특정 계층이나 집단에 속하고 싶은 욕망을 반영한다.

가격이 올라도 특정 계층의 허영심이나 과시욕으로 인해 수요가 증가하는 현상은 베블렌 효과라고 한다. 주로 상류층 소비자의 구매 행태를 말한다는 점에서 상류층이 되기를 선망하는 사람들의 구매 행태를 말하는 파노플리 효과와 미묘한 차이가 있다.

087

파랑새 증후군

Bluebird syndrome

현재의 일에는 흥미를 느끼지 못하면서 미래의 막연한 행복만을 추구하는 병적인 증상이다.

관련용어 피터팬 증후군

벨기에의 극작가이자 시인, 모리스 마테를링크 Maurice Maeterlinck의 동화극 〈파랑새*L'Oiseau Bleu*〉의 주인공에서 유래한다. 가난한 나무꾼의 자녀들인 틸틸Tyltyl과 미틸Mytyl 남매는 꿈속에서 아픈 딸을 위해 행복의 파랑새를 찾아 달라는 요술쟁이 할머니의 부탁을 받고 길을 떠난다. 남매는 추억의 나라, 밤의 궁전, 달밤의 묘지 등 신비한 곳들을 돌아다녔지만 결

모리스 마테를링크

국 파랑새를 찾는 데 실패한다. 기나긴 꿈속 여행을 끝내고 잠에서 깨어난 남매는 파랑새가 자신들의 새장 안에 있었다는 사실을 깨닫는다. 〈파랑새〉는 행복은 먼 곳에 있는 것이 아니라 늘 가까운 곳에 있다는 것을 상징하는 동화극이다.

1908년 모스크바 예술 극장에서
배포한 〈파랑새〉의 포스터

오늘날 파랑새 증후군은 현재의 직업에 만족하지 못하는 직장인을 빗대는 말로 사용되고 있다. 계속해서 이직을 꿈꾸는 이 증상은 자신이 생각했던 업무와 실제 맡은 업무 사이에 괴리가 생길 때 더 빈번하게 나타난다. 자신이 정말 하고 싶은 일은 따로 있다고 생각해서 한 직장에 오래 있지 못하고 여러 곳을 옮겨 다니기 쉽다. 이는 막연한 희망의 부정적인 측면을 반영한다. 주로 입사 초기에 이직을 많이 생각하게 되는데, 어느 취업 포털 사이트가 직장인 952명을 상대로 한 조사에서는 무려 60.7퍼센트가 파랑새 증후군을 겪고 있다고 답했다.

파랑새 증후군의 주요 증상은 현실생활에 대한 의욕이 없어지고, 자주 피로하다. 현실을 부정하는 생각을 많이 하고, 이상적인 상황에 대한 동경을 한다.

파랑새 증후군은 어릴 때부터 부모의 과잉보호를 받고 자라난 아이들에게서 흔히 나타난다. 부모 의존도가 높은 아이들은 정신적인 성장이 더디기 때문에 사회에 나와서 현실과 이상의 괴리에 부딪힌다. 또한 심각한 취업난 때문에 원하지 않는 직장이라도 일단 입사를 하고 보자는 강박관념에서 비롯되기도 한다. 이런 경우 취업은 했지만 자신의 현실에 만족하지 못해 현실적 대안도 없이 직장을 그만두고 만다.

파랑새 증후군을 극복하기 위해서는 노력이 필요하다. 작은 목표부터 달성하면서 성취감을 키워 가야 한다. 신뢰할 수 있는 직장 동료와의 상담을 통해 자신의 상황을 정확히 진단하는 것도 필요하다. 또한 지나치게 일에만 매달리지 않는 것이 좋다. 열정을 쏟을 수 있는 취미를 가져도 좋다.

어른이 되어도 성인 사회에 적응하지 못하는 '어른 아이' 같은 사람(주로 남자)을 지칭하는 피터팬 증후군Peter Pan syndrome은 몽상 속의 행복만을 추구한다는 점에서는 파랑새 증후군과 비슷한 면이 있다.

088

파킨슨의 법칙

Parkinson's law

업무량 증가와 공무원 수의 증가는 아무런 관련이 없으며, 공무원 수는 업무량과 관계없이 증가함을 통계학적으로 증명한 법칙이다.

파킨슨의 법칙은 관료화된 거대 조직의 비효율성을 비판한다. 일이 많아서 사람을 더 필요로 하는 것이 아니라, 사람이 많아서 일자리가 더 필요해지는 상황이 된다는 것이다.

영국의 역사학자이자 경영연구자인 노스코트 파킨슨C. Northcote Parkinson이 자신의 경험을 바탕으로 발표한 책에서 유래한다. 파킨슨은 1955년《이코노미스트The Economist》에 쓴 내용을 발전시켜 1958년『파킨슨의 법칙 Parkinson's Law : The Pursuit of Progress』이라는 책으로 발표했다. 이 법칙은 파킨슨이 제2차 세계대전 당시 영국 해군 사무원으로 근무한 경험과 영국 식민성 행정 직원의 수를 파악한 실제 통계를 바탕으로 만들어졌다.

1914년부터 1928년까지 해군 장병과 군함의 수는 줄어든 반면 같은 기간 동안 해군 부대에 근무하는 공무원의 수는 기존 인원의 80퍼센트 가까이 증가했다. 제2차 세계대전 이후에 영국의 식민지들이 스스로 자치정부를 수립하면서 영국 식민성이 관리해야 할 지역은 계속 줄어들었다. 그러나 행정 직원의 수는 평균 5.89퍼센트씩 증가해 1935년에 372명이었던 직원이 1954년에는 1,661명으로 늘어났다.

파킨슨은 직원의 수가 증가하는 근거로 두 가지 요인을 제시했다.

부하배증部下倍增의 법칙

공무원이 과중한 업무를 처리해야 할 때 동료에게 도움을 받아 경쟁자를 늘리는 방법보다 자신의 부하 직원을 늘리기를 원한다.

업무배증業務倍增의 법칙

부하 직원이 늘어나면 혼자 처리할 수 있는 업무를 부하 직원에게 지시하고 보고받는 등의 과정이 파생되어, 결국 서로를 위해 계속 일거리를 제공해야 하는 셈이 된다.

결과적으로 조직이 커지면서 사람이 늘어난 만큼 일자리가 필요해지는 것이다.

1996년 그레고리 C라고 알려진 폴란드의 청년 소방대원은 자신의 진화 작업 일거리를 만들기 위해 여러 차례 건물들에 불을 지르다가 붙잡혔는데, 이는 파킨슨 법칙의 극단적인 예다.

089

파파게노 효과

Papageno effect

자살과 관련한 언론 보도를 자제하고 신중한 보도를 하면 자살을 예방할 수 있는 효과다.

관련용어 베르테르 효과

오스트리아의 음악가 모차르트Wolfgang Amadeus Mozart가 작곡한 오페라 〈마술피리The Magic Flute〉에 등장하는 새잡이꾼 파파게노는 사랑하는 연인 파파게나가 사라지자 괴로운 나머지 자살을 시도한다. 이때 세 요정들이 나타나 노래를 들려주자 파파게노는 이 희망찬 노래를 듣고 자살하는 대신 종을 울린다. 그러자 다시 그의 앞에 파파게나가 나타나고, 두 사람은 새로운 삶을 살게 된다. 요정의 도움을 받아 자살충동을 극복한 일화에서 파파게노 효과가 유래한다.

1970년 오스트리아 비엔나에 처음 지하철이 도입된 이후, 1980년대부터 갑자기 지하철 자살률이 급증하기 시작했다. 분석 결과, 당시 대중매체가 자살 시도가 많았던 도넛타워에서 사람들이 어떤 방식으로 자살했는지를 상세하게 보도한 것이 원인으로 지목되었다. 이에 따라 비엔나 자살예방센터에서는 절대로 자살 사건을 보도하지 말자는 방침을 세웠고, 오스트리아 대부분의 언론사들이 이 권고안을 받아들였다. 이후 오스트리아의 자살률은 절반 수준으로 감소했다.

우리나라에서도 자살에 관련한 언론 보도를 자제하고 있다. 한국기

자협회 자살 보도 권고 기준에는 자살자와 그 유족의 사생활이 침해되지 않도록 주의해야 한다고 명시하고 있다. 또한 자살은 다수의 복합적인 원인들에 의해 발생하므로 충분한 근거 없이 일반화하지 않도록 당부하고 있다. 특히 SNS의 발달로 정보의 전파가 빨라진 최근에는 허위 사실을 유포하거나 공포심을 조장하는 사례가 많기 때문에 흥미 위주의 보도나 특종 경쟁의 수단으로 자살 사건을 다루어서는 안 된다.

베르테르 효과는 '모방 자살 효과'라고도 하며, 자신이 모델로 삼고 있거나 흠모하는 유명인이 자살할 경우, 그 인물과 자신을 동일시해서 자살을 시도하는 현상을 말한다. 자살을 고려하거나 시도해 본 적 있는 사람이 자살과 관련된 언론 보도에 영향을 받으면 실제 자살로 이어지는 베르테르 효과가 나타날 수 있다. 따라서 후속 자살을 예방하는 파파게노 효과를 유도하는 것이 중요하다.

090

펫로스 증후군

Pet loss syndrome

가족처럼 사랑하던 반려동물이 죽은 뒤에 경험하는 상실감과 우울 증상을 말한다.

주요 증상으로는 좀 더 잘 돌보지 못했다는 죄책감, 반려동물의 죽음 자체에 대한 부정, 반려동물의 죽음의 원인(질병, 사고)에 대한 분노, 슬픔의 결과로 오는 우울증 등이 있다.

농협경제연구소에 의하면 2012년 우리 나라 전체 가구의 18퍼센트(약 360만 가구)가 총 1천만 마리에 육박하는 반려동물을 기르고 있다고 한다. 우리나라는 2000년대부터 반려동물 기르기 붐이 일었다. 반려동물의 대부분을 차지하는 고양이나 개를 2000년대 초반부터 키우고 있다고 가정하면 2016년에는 반려동물들이 노년기에 접어들어 수명을 다하게 된다. 바꿔 말하면, 펫로스 증후군이 확산되고 있는 추세라고 볼 수 있다.

『인간과 개, 고양이의 관계 심리학*Pourquoi les gens ont-ils la meme tete que leur chien*』의 저자 세르주 치코티Serge Ciccotti는 반려동물이 죽었을 때 "남자들은 가까운 친구를 잃었을 때와 같은 고통을, 여자들은 자녀를 잃었을 때와 같은 고통을 느낀다"고 말한 바 있다.

반려동물은 인간의 불완전성을 판단하지 않는 무조건적인 사랑의 대상이므로 반려인은 반려동물에게 자신의 감정을 쉽게 드러내고 공유하

게 된다. 생활방식 또한 반려동물 중심으로 바꾸고 그들에게 부모의 역할을 자처하게 된다.

따라서 반려동물과의 이별은 자녀와의 이별과 동일하게 느껴질 수 있고, 반려동물의 죽음을 자신의 탓으로 돌리기 쉽다. 반려인에게 반려동물의 죽음은 관계의 상실을 의미한다. 반려동물을 잃은 슬픔에서 3~6개월이 지나도 벗어나지 못하고 일상생활에 지장을 받을 정도라면 전문적인 상담 치료가 필요하다.

펫로스 증후군 극복 방법으로는 먼저 반려동물을 입양할 때 나보다 먼저 죽을 수도 있다는 사실을 인지해야 한다. 개와 고양이의 기대 수명이 평균 15~17년이지만 불의의 사고나 질병으로 더 빨리 곁을 떠날 수도 있으므로 미리 이별을 준비하는 자세가 필요하다.

또한 자신의 슬픔을 솔직하게 표현하기 위해서 반려동물의 죽음을 경험했거나 공감할 수 있는 사람들과 슬픔을 공유하는 것이 좋다. 충분히 애도의 시간을 가지면서 반려동물이 사용하던 물건을 천천히 정리해야 한다. 반려동물 앨범을 만들어 즐거운 기억을 간직하거나 반려동물의 묘지나 기념비를 만드는 것도 도움이 된다.

　키우던 반려동물이 죽은 뒤 성급하게 새 반려동물을 입양하는 것은 좋은 방법이 아니다. 특히 집안에 어린 자녀가 있을 때 금방 새 반려동물을 들이면 자칫 아이가 죽음이나 생명을 대수롭지 않게 여길 수 있기 때문이다. 기존에 길렀던 반려동물과 동일한 종, 같은 성별을 기르는 것도 주의해야 한다.

　우리나라는 반려동물 산업이 단기간에 급성장한 반면, 반려인이 반려동물을 가족으로 생각하는 마음을 지지하고 존중하는 정신은 아직 미숙하다. 겨우 동물이 죽었다고 그렇게까지 슬퍼할 필요가 있느냐는 주변인의 시선은 반려인에게 더 큰 좌절감과 상실감을 안겨 줄 수 있으니 유의해야 한다.

091

편집증

Paranoia

어떤 대상에게 적의가 숨어 있다고 판단하여 끊임없이 자기중심적으로 해석하고 의심하는 증상이다.

그리스어 파라노이아paranoia에서 유래한다. paranoia에서 'para'는 옆에, 넘어, 반대측이라는 뜻이고, 'nous'는 정신, 마음이라는 뜻이다. 즉 정신을 벗어난 상태나 마음에 결함이 있는 상태를 의미한다.

편집증은 망상장애delusional disorder로 불리는 정신장애의 옛 이름이다. 배우자가 바람을 피운다고 의심하거나, 누군가 자신을 미행하거나 감염시키려 한다고 믿는 것이 있다. 피해망상의 빈도가 제일 크며, 망상의 내용이 기이하지 않다는 점에서 정신분열증과는 구별된다. 편집증 환자들은 불안 속에서 대상을 의심하고, 망상을 통해 의심의 증거를 찾는다. 어떤 대상이든 의심하기 시작하면 자기 방식대로 현실을 해석하기 때문에 치료자까지도 못 믿는 경우가 많다.

색정형

대상이 자신을 사랑하고 있다고 착각하고 망상을 펼쳐 나가는 유형이다. 대상은 주로 사회적 지위가 높은 사람들이다.

과대형

자신이 특별한 능력을 가지고 있다고 생각하는 유형이다. 스스로를 초능력자, 예언가 등으로 여기는 경우도 있다.

질투형

주로 부부나 연인 관계에서 발견되는 유형으로, 연인이나 배우자에게 내연의 상대가 있다는 망상을 펼친다.

피해형

다른 사람들에게 부당하게 이용당하거나 속임을 당한다고 생각하는 유형이다. 쉽게 타인을 의심하며 원망한다.

신체형

자신의 신체에 문제가 있다는 망상을 펼치는 유형이다. 몸에 벌레가 산다고 믿거나 악취가 난다고 생각하는 경우 등이다.

혼재형

위의 유형 중 두 가지 이상의 증상이 나타나지만, 어느 증상도 불분명한 경우다.

092

플라시보 효과

Placebo effect

효과가 없는 가짜 약이나 꾸며 낸 치료법에 대한 긍정적인 믿음으로 환자의 병세가 호전되는 현상이다.

관련용어 노시보 효과

플라시보는 '기쁨을 주다' 혹은 '즐겁게 하다'라는 라틴어에서 유래한다. 심리적 요인에 의해 병세가 호전되는 현상으로 '위약僞藥 효과', '가짜 약 효과'라고도 한다.

신약품을 개발할 때는 해당 약의 실제 임상 효과를 확인하기 위해 흔히 가짜 약을 투여한 집단(플라시보 효과)과 진짜 약을 투여한 집단의 상대적 효과를 비교하는 임상 실험 절차를 거치게 되어 있다.

오랜 질병이나 심리 상태에 영향을 받기 쉬운 질환일수록 플라시보 효과가 크다. 물론 우울증이나 불면증 환자의 증상을 일부 완화하는 데 어느 정도 도움이 되는 경우가 있으나, 과학적으로 입증된 것이 아니므로 현재 위약이 처방되는 경우는 거의 없다. 윤리적인 문제가 있을 뿐만 아니라 환자가 진짜 약이 아닌 위약이 처방된 사실을 알았을 때, 오히려 환자의 건강이 더 악화될 수도 있기 때문이다.

플라시보 효과는 환자가 의사와 병원을 신임하면 신임할수록 좋은 결과가 나타난다. 한 번 약을 먹어서 그 약의 효과를 본 환자일수록 효과가 좋다. 똑같은 약이라도 가격이 비싸다는 것을 알고 복용하면 효과가 더 크다. 또한 솔직하고 순진한 성격의 사람일수록 새로운 경험을

지난번에 먹어서
효과를 본 약이군.

긍정적으로 받아들이므로 효과가 더 크다.

플라시보 효과와 반대로 노시보 효과는 진짜 약을 처방해도 그 약이 해롭다고 생각하거나 효과가 없을 것이라는 부정적인 믿음 때문에 약 효가 떨어지는 현상을 말한다.

093

플린 효과

Flynn effect

시간이 지날수록 세대들의 IQIntelligence Quotient, 지능지수가 지속적으로 상승하는 현상을 말한다.

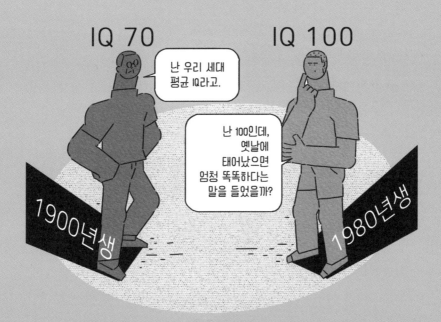

현재 세대의 IQ 지수가 20세기 이전 세대들이 기록한 IQ 지수보다 높으며, 역사적으로 관련 자료를 가지고 있는 30여 개국에서도 동일한 현상이 보고되었다.

1980년대 초반 뉴질랜드의 심리학자 제임스 플린James Flynn이 IQ의 변동 추세를 조사한 데서 유래한다. 플린은 미국 군대의 신병 지원자들의 IQ 지수가 10년마다 3점씩 올라간다는 사실을 발견했는데, 조사 대상을 14개국으로 확대 실시했을 때에도 비슷한 결과를 얻었다. 플린은 IQ의 시대별 변화를 조사하여 20세기 초부터 검사 당시까지 지능지수가 꾸준히 증가되어 왔음을 알아냈다. 편의상 오늘날 미국 성인의 평균 IQ를 100으로 보면, 1900년대 미국 성인의 평균 지능은 현재 기준으로 볼 때 50에서 70 사이로 볼 수 있다.

이는 그 당시 사람들이 모두 머리가 안 좋았다는 의미가 아니다. 개념을 범주화하고 추상적인 규칙을 인식하는 능력이 향상되었기 때문에 과거보다 현재의 평균 점수가 높게 측정된 것이다. 아울러 이 현상은 이전에 비해 정신적인 활동을 점점 더 많이 요구하는 현대 사회의 시대상을 반영하는 것으로도 볼 수 있다.

지능지수가 결정 지능 부분, 즉 단어를 암기하는 등 특정 영역의 지식에 대한 부분에서 상승했을 것이라는 기대와는 달리 실제로 점수가 향상된 부분은 추상적인 문제를 해결하는 지능이었다. 과거와 달리, IQ 검사 중 문제 해결 부분에서 점수가 가장 많이 증가했다. 비언어 점수가 상승해도 언어 지능은 정체된 모습을 보였다. 지능 향상은 모든 연령대에서 발생했다. 아울러 학습으로 답을 쉽게 얻을 수 있는 부분이 아니라 추상적인 부분에서 점수가 상승했다는 것이다.

과거에는 교육의 기회가 적고 책만으로 지식을 습득해서 학습된 내

용 외에 추상적 문제를 해결하는 것이 어려웠다. 그러나 현대는 교육의 기회가 많이 확대되었을 뿐만 아니라 대중매체나 인터넷 등으로 다양한 정보를 얻을 수 있다. 게다가 과거에 비해 영양적으로 풍요롭고 의학이 발달하는 등 상대적으로 질병이 크게 감소되었다. 보다 건강해진 생활환경이 두뇌의 기능에도 긍정적인 영향을 미쳐 지능지수의 상승요인이 되었을 것이라는 추측이다.

피그말리온 효과

Pygmalion effect

긍정적인 기대나 관심이 사람에게 좋은 영향을 미치는 효과를 말한다.

관련용어 스티그마 효과

일이 잘 풀릴 것으로 기대하면 잘 풀리고, 안 풀릴 것으로 기대하면 안 풀리는 경우를 모두 포괄하는 자기 충족적 예언self-fulfilling prophecy과 같은 말이다.

그리스 신화에 나오는 왕이자 조각가인 피그말리온은 평생 독신으로 살았는데, 완벽하고 아름다운 여인상을 조각한 후 갈라테이아Galatea라는 이름을 붙였다. 조각상에 불과했지만 피그말리온은 갈라테이아를 진심으로 사랑하게 되어 아내처럼 극진히 대하였고 아프로디테 여신에게 갈라테이아 같은 아내를 맞이하게 해 달라고 기도를 하였다. 이에 감동한 아프로디테 여신이 갈라테이아에게 생명을 불어넣어 주었다. 피그말리온 효과는 간절히 원하고 기대하면 원하는 바를 이룰 수 있다는 것을 보여 주는 그리스 신화에서 유래한다.

피그말리온과 갈라테이아, 장 – 에론 게옴, 1890년

1968년 하버드의 교수 로젠탈Robert Rosenthal은 미국의 초등학교 학생들을 대상으로 피그말리온 효과에 대한 실험을 했다. 먼저 전체 학생을 대상으로 지능 검사를 실시했다. 결과와 상관없이 무작위로 20퍼센트

의 학생을 뽑아, 지능이 우수한 학생이라고 설명하고 담당 교사에게 전달했다.

20퍼센트 명단에 포함된 학생들은 교사의 기대와 격려에 부응하기 위해 노력했다. 다시 지능 검사를 실시하자, 해당 학생의 성적이 실제로 향상되었다.

명단에 오른 학생들에 대한 교사의 기대와 격려가 지능지수와 상관없이 학생의 성적 향상에 실제로 영향을 미친다는 사실을 증명했다.

피그말리온 효과와 반대되는 효과로 스티그마 효과가 있다. 스티그마 효과는 한 번 나쁜 사람으로 찍히면 스스로 나쁜 행동을 하게 되는 효과를 말하며, 낙인 효과라고도 한다. 사회심리학에서 일탈 행동을 설명할 때 주로 사용한다.

095

피터팬 증후군

Peter pan Complex

성인이 되어서도 스스로를 어른으로 인정하지 않은 채 타인에게 의존하고 싶어 하는 현실도피 성향의 심리다.

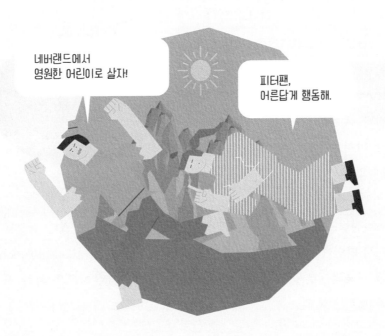

주로 '어른 아이'인 남성의 심리를 나타내는 말이지만, 최근에는 남녀 상관없이 타인에게 지나치게 의존적인 사람 모두에게 사용한다. 피터팬 증후군을 보이는 사람들은 흔히 부정denial과 퇴행regression을 방어기제로 사용한다. 부정은 힘든 현실을 인정하지 않으려는 마음을, 퇴행은 스트레스를 받을 때마다 마치 어린아이처럼 유치한 행동을 하는 것을 말한다. 피터팬 증후군에 빠진 사람은 책임감이 별로 없으며, 이상은 높지만 이를 실천하는 능력과 의사결정 능력이 취약하다.

피터팬은 영국 동화 속의 주인공으로 네버랜드에서 꿈과 공상 속을 자유롭게 누비는 영원한 소년이다. 네버랜드에서는 어른이 되지 않고 영원히 아이로 남을 수 있다. 현대 사회에서도 영원히 아이로 남고 싶어 하는 사람들이 늘어나고 있다.

미국의 임상심리학자 카일리Dan Kiley는 1983년 자신의 저서 『피터팬 증후군』에서 신체적으로는 어른이 되었지만 책임을 지고 싶지 않아 스스로의 의지로 무언가를 결정하지 않으려는 심리 상태를 설명했다.

댄 카일리 ©Daderot.

1970년대 후반 미국은 경기 침체와 여권신장으로 남성들의 사회경제적 힘이 약해졌다. 그 결과 남성들에게서 타인에게 의존적인 모습이 나타났다. 어른이 되어도 취업이 어려워 경제적으로 독립할 수 없는 일본과 한국의 젊은이들은 사회 진출과 결혼을 미루고 부모에게 의지하는 현상이 나타나고 있다.

개인에게 기대되는 것은 많아지지만 경기 침체로 취업 경쟁은 심해지는 시대다. 피터팬 증후군의 사람들은 신체는 성인이지만 갑자기 많은 것을 해내라는 기대를 받으니 모든 것을 회피하고 싶은 것이다.

이런 회피는 어린 시절부터 부모와의 관계 속에서 형성되었을 가능성이 높다. 부모는 원하는 것을 얻으려면 어느 정도의 실패와 좌절은 피할 수 없다는 현실을 자녀가 받아들일 수 있는 환경을 만들어 주어야 한다. 그래야 자녀가 실제 현실에서 자신이 할 수 있는 최선을 다하는 어른으로 자랄 수 있다.

키덜트Kidult는 성인이 되어서도 어린 시절 가지고 놀았던 장난감이나 어린 시절에 했던 놀이를 통해 스트레스를 푸는 사람들이다. 피터팬 증후군과는 다르게, 정상적인 사회활동을 하기 위해 천진난만한 동심의 세계에서 심리적인 안정과 휴식을 취하는 성인들을 뜻한다.

096

하인츠 딜레마

Heinz's dilemma

남편 하인츠가 아픈 아내를 위해 약을 훔치는 일이 도덕적으로 올바른 일인가에 대한 질문으로 사람들의 도덕성 발달 수준을 확인하기 위한 문제다.

미국의 발달심리학자 로렌스 콜버그Lawrence Kohlberg는 고등학교를 졸업하고 상선商船에서 정비사로 일하면서 영국인들이 통제하던 세관을 통과해 팔레스타인으로 밀항하는 유럽의 유태인 난민들의 일을 도왔다. 그는 '사람은 언제부터 불법적이지만 도덕적으로 올바른 행위를 하게 되는가?'에 대한 의문을 품고 시카고 대학에서 심리학과 도덕심에 대해 연구했다. 연구 끝에 콜버그는 〈10세에서 16세까지 사고와 선택 유형 발달〉이라는 박사 논문을 완성하는데, 하인츠 딜레마는 그 연구 자료의 일부다. 나중에 콜버그는 아동의 도덕 인지 발달에 대한 집중 연구를 통해 도덕성 발달 단계를 제시하게 된다.

하인츠는 암에 걸린 아내를 치료하기 위해 약을 구하러 나선다. 어느 약사가 개발한 새로운 약만이 아내를 살릴 수 있는데, 이 약의 원가는 200달러였다. 그런데 약사는 하인츠에게 2,000달러를 요구했다. 하인츠는 집과 재산을 팔고 주변 사람들에게 돈을 구하기 위해 최선을 다했지만 겨우 1,000달러밖에 마련하지 못했다. 하인츠는 약사에게 애원했으나 약사는 약을 싸게 팔수도, 외상을 줄 수도 없다고 했다. 절망에 빠진 하인츠는 결국 약국의 창고에 몰래 들어가 약을 훔친다.

콜버그는 위와 같은 이야기를 들려주고 이런 질문을 했다.

'남편은 약을 훔쳤기 때문에 벌을 받아야 하는가?', '약사는 비싼 약값을 요구할 권리가 있는가?', '약사 때문에 아내가 죽게 되었다고 비난하는 것은 정당한가?', '만약 비난이 정당하다면 그리고 아내가 사회적으로 중요한 인물이었다면 약사를 더 무겁게 처벌해야 할까?'

콜버그는 질문을 듣고 대답한 이유가 연령별로 달라지는 것을 관찰하고, 도덕성 발달을 3수준 6단계로 제시했다.

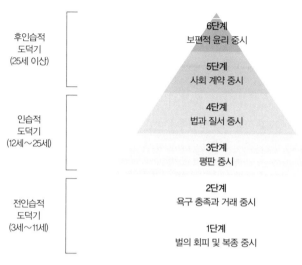

도덕성 발달의 3수준 6단계를 나타내는 표

제1수준: 전前인습적 도덕기

인식의 범위가 자신에게 한정되어 진정한 의미의 도덕성 개념은 없는 수준이다. 1~2단계가 여기에 속한다.

- 1단계는 '벌의 회피 및 복종'의 단계다. 3~7세 아이들이 여기에 속한다. 아이들은 하인츠가 약을 훔치면 경찰에게 벌을 받기 때문에 잘못된 행동이라고 생각한다. 반대로 약이 없어서 아내가 죽으면 하인츠가 벌을 받기 때문에 훔쳐도 된다고 찬성하기도 한다.
- 2단계는 '욕구 충족과 거래'가 중요한 단계다. 8~11세 아이들이 여기에 속한다. 아이들은 하인츠가 자신의 욕구 충족을 위해 약을 훔쳐서라도 아내를 구해야 한다고 판단한다.

Q. 아내를 위해 약을 훔친 행위를 처벌해야 할까?

제2수준: 인습적 도덕기

인식의 범위가 타인까지 확대되는데, 전통적인 법과 질서에 동조하는 도덕성이 발달해 자신이 속한 집단의 기대나 기준에 맞추어 행동하려고 한다. 3~4단계가 여기에 속한다. 행동에 따라 어떤 결과가 나오는지 또는 손해를 최소화할 수 있는 방법을 기준으로 판단한다.

- 3단계는 '착한 아이'가 되는 것과 평판이 중요하다. 이 시기에 속하는 12~17세 아이들은 하인츠가 약을 훔치는 것은 약사의 권리를 침해하고 남에게 해를 끼치기 때문에 옳지 않다고 판단한다. 이 시기는 하인츠 이외에 타인의 관점과 의도를 이해하고 고려할 수 있게 된다.
- 4단계는 '법과 질서'가 중요하다. 이 시기에 속하는 18~25세의 사람들은 도덕적 기준을 판단할 때 법과 질서를 잘 지키는 것이 중요하다는 생각을 갖고 있다.

제3수준: 후後인습적 도덕기

도덕적인 판단에 자신의 사유가 포함되는 시기다. 5~6단계가 여기에 속한다. 보편적인 도덕 원칙과 양심에 따라 판단하게 되는데, 16세 이후에는 대부분의 사람들이 후인습적 수준으로 발전할 수 있다. 그러나 진정한 의미로 이 수준에 도달하는 사람은 매우 소수다.

- 5단계는 '사회계약적인 관점'을 중요시한다. 25세 이상의 사람들이 이 시기에 속한다. 이 시기의 사람들은 하인츠가 약을 몰래 훔친 것은 불법이나 아내를 구하기 위한 일이었으므로 용서해야 한다고 판단하는 경향이 있다.
- 6단계는 '보편적 윤리 개념'을 중요시한다. 소수의 사람들만이 도달할 수 있는 단계로 법이나 관습보다 인간의 생명이 무엇보다 우선되어야 한다고 생각한다.

콜버그는 말년에, 도덕 문제는 도덕이나 삶 자체의 문제가 아니라 우

Q. 아내를 위해 약을 훔친 행위를 처벌해야 할까?

약을 훔친 것은 불법이지만
아내를 구하기 위해서였으니 용서해야 해요!

주적 질서와의 통합(우주 영생 지향 단계)이라고 보는 7단계를 추가하기도 했다. 그러나 이 단계로 이르는 사람은 극소수이며, 이론의 전반적인 구조는 변하지 않았다.

097

학습된 무력감

Learned helplessness

피할 수 없는 힘든 상황을 반복적으로 겪게 되면 그 상황을 피할 수 있는 상황이 오더라도 극복하려는 시도를 하지 않고 자포자기하는 현상이다.

신제품 개발은 해서 뭐해. 어차피 시장에서 실패할걸.

1967년 미국의 심리학자 마틴 셀리그먼Martin Seligman과 스티브 마이어Steve Maier가 24마리의 개를 대상으로 한 우울증 실험에서 발견된 증상이다. 셀리그먼은 24마리의 개를 상자A, B, C에 나누어 넣고 각각 다른 방식으로 전기충격을 가했다. A상자는 개가 코로 레버를 움직이면 전기충격을 멈출 수 있도록 되어 있었고, B상자는 레버가 끈으로 묶여 있어서 개가 어떻게 해도 전기충격을 멈출 수 없는 환경이었다. 그리고 C상자에는 아무런 전기충격을 가하지 않았다.

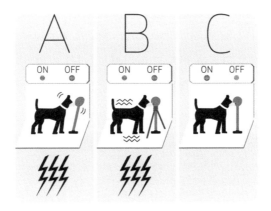

24시간 뒤, 셀리그먼은 장애물만 넘으면 전기충격을 피할 수 있도록 고안된 새로운 상자에 개들을 재배치했다.

A상자와 C상자에 있던 개는 장애물을 넘어 전기충격을 피했으나, B상자에 있던 개는 장애물을 넘지 않고 고스란히 전기충격을 견뎠다. 즉 B상자에 있던 개는 어떤 시도를 해도 전기충격을 피할 수 없다는 무력감을 학습한 것이다.

피할 수 없는 혐오 자극에 대한 노출이 학습된 무기력을 낳고 이는 우울로 이어질 수 있다. 에런 벡Aaron Beck은 우울증에 대한 인지 치료

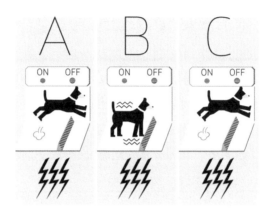

를 연구한 미국의 인지 치료자다. 그는 우울증 환자들이 자신, 세상, 미래에 대해 부정적 관점을 가지고 있어서, 의지의 마비와 무력감이 쉽게 일어날 수 있다고 보았다. 이는 어떤 시도를 해도 자신의 상황을 바꿀수 없다는 '학습된 무력감'과 그 증상이 비슷하다. 벡은 이러한 부정적사고를 논리적인 방식으로 긍정적으로 바꾸면 우울증이 호전될 수 있다고 주장했다.

098

호손 효과

Hawthorne effect

타인의 시선을 느낄 때 본래 의도나 천성과 다르게 행동하는 현상을 말한다.

관련용어 피그말리온 효과

단지 다르게 행동하는 것뿐 아니라 작업의 능률, 생산성이 높아지는 현상까지 포괄한다.

미국 일리노이 주의 호손 웍스Hawthorne Works 공장 근로자들을 대상으로 한 생산성 실험에서 발견된 현상이다. 하버드 대학의 산업 및 조직 심리학자들은 호손 웍스 공장 근로자들을 대상으로 여러 가지 조건으로 실험했다. 그중 조명 조건이 생산성에 미치는 영향에 대한 주제도 연구 목록에 포함되어 있었다. 조명을 환하게 밝힌 상태에서 근로자들의 생산성을 측정한 결과 근로자들의 생산성이 높아졌다. 조금 더 어두운 조명 상태에서 근로자들의 생산성이 어떻게 달라지는지 알아봤다. 밝은 조명에서의 생산성과 유의미한 차이가 없었다.

공장 근로자들은 자신이 유명 대학 교수들의 실험 대상이라는 사실을 긍정적으로 인식하고 있었다. 그 결과, 이러한 피험자들의 인식은 근무 환경 조건에 상관없이 높은 생산성을 보이도록 하는 데 영향을 미쳤다. 물리적 조건은 물론 심리적 요인의 동기 부여가 작업 능률을 향상시킬 수 있음을 시사한다.

　실험에서 한 가지 유의할 점은 실험 상황에서 관찰자나 연구자의 존재를 의식하는 것이 피험자의 수행에 영향을 미칠 가능성이 있으므로 연구자의 개입을 최소화하는 것이 중요하다

　호손 효과와 비슷한 용어는 피그말리온 효과다. 이는 타인의 기대나 관심이 일의 능률이나 결과에 긍정적인 영향을 미치는 현상이다. 스스로 다짐하는 신념이 자기암시 효과로 작용해 좋은 결과로 이끄는 경우도 피그말리온 효과에 포함된다.

099

후광 효과

Halo effect, 後光效果

한 대상의 두드러진 특성이 그 대상의 다른 세부 특성을 평가하는 데에도 영향을 미치는 현상이다.

후광後光은 어떤 사물의 뒤에서 더욱 빛나게 하는 배경이라는 뜻을 가지고 있다. 영어 명칭을 따서 '헤일로 효과'라고도 한다.

제1차 세계대전 때 미국의 심리학자 에드워드 손다이크Edward Lee Thorndike는 지휘관들에게 병사 개개인의 능력을 항목별로 평가하게 했다. 지휘관들은 체격 좋고 품행이 단정한 병사들은 지성과 리더십 역시 높을 것이라 예상했고, 그렇지 않은 군인들은 대부분의 역량들이 낮을 것이라 보았다.

에드워드 손다이크

배리 스토Barry Staw 교수의 무작위 실험은 후광 효과의 명암을 보여 주었다. 스토 교수는 대학생들을 여러 조로 나누어 특정 회사의 매출 결과를 예측하게 했다. 특정 조들에게는 칭찬을, 다른 조들에게는 비판을 내린 뒤 과제 수행에 대한 자체 평가를 실시했다. 칭찬받은 조들은 자신을 긍정적으로, 비판받은 조들은 자신을 부정적으로 평가했다. 그러나 사실은 스토 교수가 무작위로 선정하여 칭찬과 비판을 가한 것이었다. 즉 모든 조들이 정답을 도출해 냈음에도 불구하고 교수의 발언이 후광 효과로 작용해 학생들의 판단력을 흐리게 한 것이다.

심리학에서는 개인의 인상 형성이나 수행평가 측면에서, 마케팅에서는 특정 상품에 대한 소비자의 태도나 브랜드 이미지 평가 측면에서 주로 언급된다. 평가자의 입장에서는 평가의 일관성을 유지하려는 기제나 외적인 특징에 대한 고정관념 등이 작용한 결과지만 논리성과 객관성의 측면에서는 오류일 수 있다.

얼굴이 잘생기면(못생기면) 왠지 성격도 좋을 것(안 좋을 것)으로 생각
→ 외모에 따른 첫인상 형성

상품 포장지가 훌륭하면 내용물도 명품일 것으로 생각

→ 상품 선택에 영향

   2014년 프란치스코 교황은 한국을 방문할 때 의전 차량으로 기아의 '쏘울'을 선택했는데, 이후 쏘울은 '교황이 탑승한 차'라는 후광 효과로 수출과 판매가 큰 폭으로 상승했다. 이러한 원리로 기업들은 스타를 광고 모델로 내세워 물건을 판매한다. 스타의 명성과 인기가 후광 효과를 발하여 고객들의 상품 구매를 자극하는 것이다.

100

히스테리

Hysterie, Hysteria

정신적, 심리적 갈등으로 인해 발생하는 신경증을 뜻하며 이상 성격을 의미하기도 한다.

신경증neurosis은 심리적인 원인으로 인해 신체 증상이나 이상행동이
나타나는 것을 말하며, 정신분석학에서는 신경증의 종류로 히스테리,
강박증, 공포증 등이 포함된다.

히스테리는 이집트 최초의 의학 기록 카훈 파피루스Kahun Papyrus에
처음 등장한다. 이 기록은 성적性的으로 만족되지 않은 여성의 자궁이
몸속을 이리저리 돌아다니고 부딪히면서 발생하는 증세를 히스테리로
본다.

카훈 파피루스

이후 히포크라테스와 그 학파에 의해 '자궁의 병'으로 명명되었다.
플라톤Platon도 그의 저서 『티마이오스Timaeus』에서 자궁을 방치하면 온
갖 질환을 일으킨다고 언급하고 있다. 이와 같이 히스테리는 자궁의 기
능이 잘못되어 생기는 현상이라고 간주되어, 주로 여성에게 많이 나타
나는 증상으로 알려져 왔다. '노처녀 히스테리'란 말이 일상에서 쓰이
는 것도 비슷한 맥락으로 볼 수 있다.

19세기 말, 프랑스의 신경병리학자 샤르코Jean Martin Charcot는 환자 연

구를 통해 히스테리가 남성에게도 나타난다는 것을 밝혔다. 또한 히스테리 증상이 정신적 증상을 동반한 육체의 병이라고 진단했다.

샤르코의 영향을 받은 프로이트Sigmund Freud는 히스테리에 관해 본격적으로 연구하기 시작했다. 프로이트는 히스테리 환자를 치료하면서 정신분석학을 발전시켜 나갔다. 증상의 보편성과 관련하여, 독일의 정신의학자인 크레치머Ernst Kretschmer는 "모든 사람은 많든 적든 히스테리적이다"라는 말을 남기기도 했다.

히스테리성 성격장애(연극성 성격장애)는 정신병이나 이상 성격의 한 형태다. 자기중심적이고, 항상 다른 사람에게 주목받기 원하고, 극적으로 과장된 감정 표현을 하며, 감정의 기복이 심한 성격을 가리킨다. 이목을 끌기 위해 과장된 감정 표현과 행동을 보인다. 신체적 매력에 대해 지나치게 관심을 가지고, 부적절하게 성적性的 유혹을 한다. 자기가 모든 관심을 받지 못하면 불편한 감정을 느낀다. 즉각적인 만족을 추구하며, 이런 욕구가 충족되지 않으면 참지 못한다.

참고문헌

〈뇌 손상이 촉발한 천재성〉, ADAM PIORE, 파퓰러사이언스, 2013.

〈좋은 넛지, 나쁜 넛지〉, 리처드 세일러, 뉴욕타임스, 2015.

『15분 심리학』, 앤 루니, 생각정거장, 2015.

『Introduction to Psychology 심리학』, 오경기, 이재호, 김미라 외, 정민사, 2014.

『감정독재』, 강준만, 인물과사상사, 2013.

『감정에 지지 않는 법』, 상진아, 센추리원, 2015.

『공부하는 힘: 몰입 전문가 황농문 교수가 전하는 궁극의 학습법』, 황농문, 위즈덤하우스, 2013.

『광고심리학』, 김재휘, 커뮤니케이션북스, 2009.

『끌리는 사람은 1퍼센트가 다르다』, 이민규, 더난출판사, 2005.

『나도 모르게 빠지는 생각의 함정, 편향』, 이남석, 옥당, 2013.

『나이트 스쿨』, 리처드 와이즈먼, 와이즈베리, 2015.

『넛지: 똑똑한 선택을 이끄는 힘』, 리처드 세일러, 캐스 선스타인, 리더스북, 2009.

『누구나 처음엔 걷지도 못했다』, 고영성, 스마트북스, 2013.

『독선사회』, 강준만, 인물과사상사, 2015.

『마리나 크라코브스키』, 케이웃 첸, 머니랩, 타임비즈, 2010.

『마음의 혼란』, 다우어 드라이스마, 에코리브르, 2015.

『모차르트와 살리에리』, 푸시킨, 알렉산드르, 보리스 고두노프, 지식을만드는지식, 2009.

『번아웃, 회사는 나를 태워버리라고 한다』, 사빈바타유, 착한책가게, 2015.

『법칙으로 통하는 세상 세상으로 통하는 법칙』, 김규회, 끌리는책, 2015.

『보이지 않는 고릴라』, 크리스토퍼 차브리스, 대니얼 사이먼스, 김명철, 김영사, 2011.

『비즈니스를 위한 법칙상식』, 정재학, 추수밭, 2011.

『사기꾼 증후군』, 해럴드 힐먼, 새로운현재, 2014.

『사람을 움직이는 100가지 심리법칙』, 정성훈, 케이앤제이, 2011.

『생각의 배신』, 김종선, 타커스, 2012.

『서박사 공사공단 일반상식 2017』, 서영학, 고시연구원, 2015.

『서번트 신드롬』, 대럴드 트레퍼트, 홍익출판사, 2006.

『설득 커뮤니케이션의 이해와 활용』, 김정현, 커뮤니케이션북스, 2015.

『설득의 심리학: 사람의 마음을 사로잡는 6가지 불편의 원칙』, 로버트 치알디니, 21세기북스, 2013.

『세상을 움직이는 100가지 법칙』, 이영직, 스마트비즈니스, 2009.

『세상을 움직이는 스마트한 법칙들』, 이재영, 지식의 틀, 2014.

『소셜미디어인사이트』, 사이토 토오루, 미래를소유한사람들, 2013.

『스마트한 생각들: 사람의 마음을 움직이는 52가지 심리법칙』, 롤프 도벨리, 걷는나무, 2012.

『신드롬을 읽다』, 배우리, 미래를소유한사람들, 2012.

〈신비한TV 서프라이즈-우연을 가장한 필연을 운명이라 부른다!〉, 김수형, 헤럴드 POP, 2016.

『심리 문제를 일으키는 신체 질환』, 제임스 모리스 지음, 이한구 옮김, 황금시간, 2013.

『심리학 나 좀 구해줘』, 폴커 키츠·마누엘 투쉬, 갤리온, 2013.

『심리학과 삶』, Richard J, GerPhilip, 시그마프레스, 2009.

『심리학 오디세이』, 장근영, 예담, 2009.

『심리학이 경제학을 만나다』, 야마모토 미토시, 토네이도, 2008.

『아버지의 성, 아빠가 된 남자를 탐구하다』, EBS미디어, 베가북스, 2012.

『어떻게 살 것인가, 인생』, 수이옌, 책드림, 2015.

『연금술사』, 파울로 코엘료, 문학동네, 2001.

『오이디푸스 콤플렉스』, 로버트 M. 영, 이제이북스, 2002.

『왜 자동차 회사와 가방 회사가 손을 잡나? 디드로 효과』, 강준만, 인물과사상사, 2015.

『우리는 왜 이렇게 사는 걸까?』, 강준만, 인물과사상사, 2014.

『윤리적 사고와 딜레마』, 조훈, 넥서스북스, 2011.

『의사의 한마디가 병을 부른다』, 마그누스하이어, 율리시즈, 2012.

『이코노믹 씽킹』, 로버트 H. 프랭크, 웅진지식하우스, 2007 .

『인간 딜레마』, 이용범, 생각의 나무, 2007.

『인간과 개, 고양이의 관계 심리학』, 세르주 치코티, 니콜라 게갱, 책공장더불어.

『자각몽, 꿈 속에서 꿈을 깨다』, 로버트 웨거너, 정신세계사, 2010.

『저 뚱뚱한 남자를 죽이시겠습니까?』, 데이비드 에드먼즈, 이마, 2015.

『정신 자아 사회』, 조지 미드, 한길사, 2010.

『죄수의 딜레마』, 윌리엄 파운드스톤, 양문, 2004.

『지적인 생각법』, 이주형, 위즈덤하우스, 2014.

『집단 심리학과 자아 분석』, 지그문트 프로이트, 이책, 2015.

『착각의 심리학』, 데이비드 맥레이니, 추수밭, 2012.

『착각하는 CEO』, 유정식, 알에이치코리아, 2013.

『처음 시작하는 심리학』, 조영은, 소울메이트, 2015.

『처음 읽는 독일 현대철학』, 철학아카데미, 동녘, 2013.

『첫눈에 반한 커뮤니케이션 이론』, 엠그리핀, 커뮤니케이션북스, 2009.

『청소년을 위한 정신의학 에세이』, 하지현, 해냄, 2012.

『치유의 독서: 심리학과 철학이 만나 삶을 바꾸는 지혜』, 박민근, 와이즈베리, 2016.

『침묵의 나선』, 엘리자베스 노엘레 노이만, 사이, 2016.

『커뮤니케이션 핵심이론』, 정인숙, 커뮤니케이션북스, 2013.

『티핑포인트』, 말콤 글래드웰, 21세기북스, 2009.

『프레즌스』, 에이미 커디, 알에이치코리아, 2016.

『프로이트의 말실수』, 조엘레비, 휴먼사이언스, 2014.

『플린이펙트』 제임스 R. 플린, 엠아이디, 2015.

『한국사회의 문화풍경』, 이수만, 김광기, 김무경 외, 그린, 2013 .

『헤일로 이펙트』, 로젠츠바이크, 스마트 비즈니스, 2007 .

『현대 심리학의 이해』, 현성용, 김교헌, 김미리혜 외, 학지사, 2015 .

『현실주의자의 심리학 산책』, 요헨마이, 다니엘레티히, 지식갤러리, 2012.

『회의주의자 사전』, 로버트 T. 캐롤, 잎파랑, 2007.

〈Bandwagon, Snob and Veblen Effects in the Theory of Consumer Demand〉, Laibenstein, H., Quarterly Journal of Economics, Vol. 64 No. 2: 183–207, 1950.

〈The Development of Modes of Thinking and Choices in Years 10 to 16〉, Kohlberg, Lawrence, Ph.D. Dissertation, University of Chicago, 1958.

〈The TEA Set: Tacit Knowledge and Scientific Networks〉, Collins, H. M., Science Studies, Vol. 4, 1974, pp. 165~186.

〈유명인 자살의 영향과 미디어〉, 명우재, 한국자살예방협회.

〈지원자의 첫인상 평가 시간〉, 취업포털 사람인, 한경리크루트.

〈직장인 '파랑새 증후군' 관심〉, YTN 뉴스, 2014.

한국기자협회 자살보고 권고기준.

〈Testosterone changes during vicarious experiences of winning and losing among fans at sporting events. Physiology and Behavior〉, Bernhardt, P. C., Dabbs Jr, J. M., Fielden, J. A., & Lutter, C. D., 65 (1), 59–62, 1998.

〈Testosterone and Dominance in Men. Behavioural and Brain Sciences〉, Mazur, A. & Booth, A., 21, 353–363, 1997.

〈Testosterone and chess competition. Social Psychology Quarterly〉, Mazur, A., Booth, A., & Dabbs Jr, J. M., 70–77, 1992.

KI신서 6798
너 이런 심리법칙 알아?

초판 1쇄 인쇄 2016년 11월 24일
초판 12쇄 발행 2023년 5월 1일

지은이 이동귀
그린이 정지혜
펴낸이 김영곤
펴낸곳 (주)북이십일 21세기북스

키즈사업본부장 김수경
기획편집 김지혜
에듀1팀 김지혜 김지수 김현정
아동마케팅영업본부장 변유경
아동마케팅1팀 김영남 황혜선 이규림 황성진 정성은 아동마케팅2팀 임동렬 이해림 안정현 최유아
아동영업팀 한충희 오은희 강경남 김규희
디자인 이하나 김현주 제작팀 이영민 권경민

출판등록 2000년 5월 6일 제406-2003-061호
주소 (10881) 경기도 파주시 회동길 201(문발동)
대표전화 031-955-2100 팩스 031-955-2151 이메일 book21@book21.co.kr

ⓒ 2016, 이동귀
ISBN 978-89-509-6798-7 03100
책값은 뒤표지에 있습니다.

(주)북이십일 경계를 허무는 콘텐츠 리더

21세기북스 채널에서 도서 정보와 다양한 영상자료, 이벤트를 만나세요!
페이스북 facebook.com/jiinpill21   포스트 post.naver.com/21c_editors
인스타그램 instagram.com/jiinpill21 홈페이지 www.book21.com
서울대 가지 않아도 들을 수 있는 명강의! 〈서가명강〉
네이버 오디오클립, 팟빵, 팟캐스트에서 '서가명강'을 검색해보세요!